Animaux du monde

Coloriage Livre

Coloring Pages for Kids

Coloring Pages for Kids
An imprint of Ciparum LLC

Animaux du monde coloriage Livre
© 2017 Ciparum LLC
All rights reserved.
ISBN-10:1-63589-390-9
ISBN-13:978-1-63589-390-8

Coloring Pages for Kids

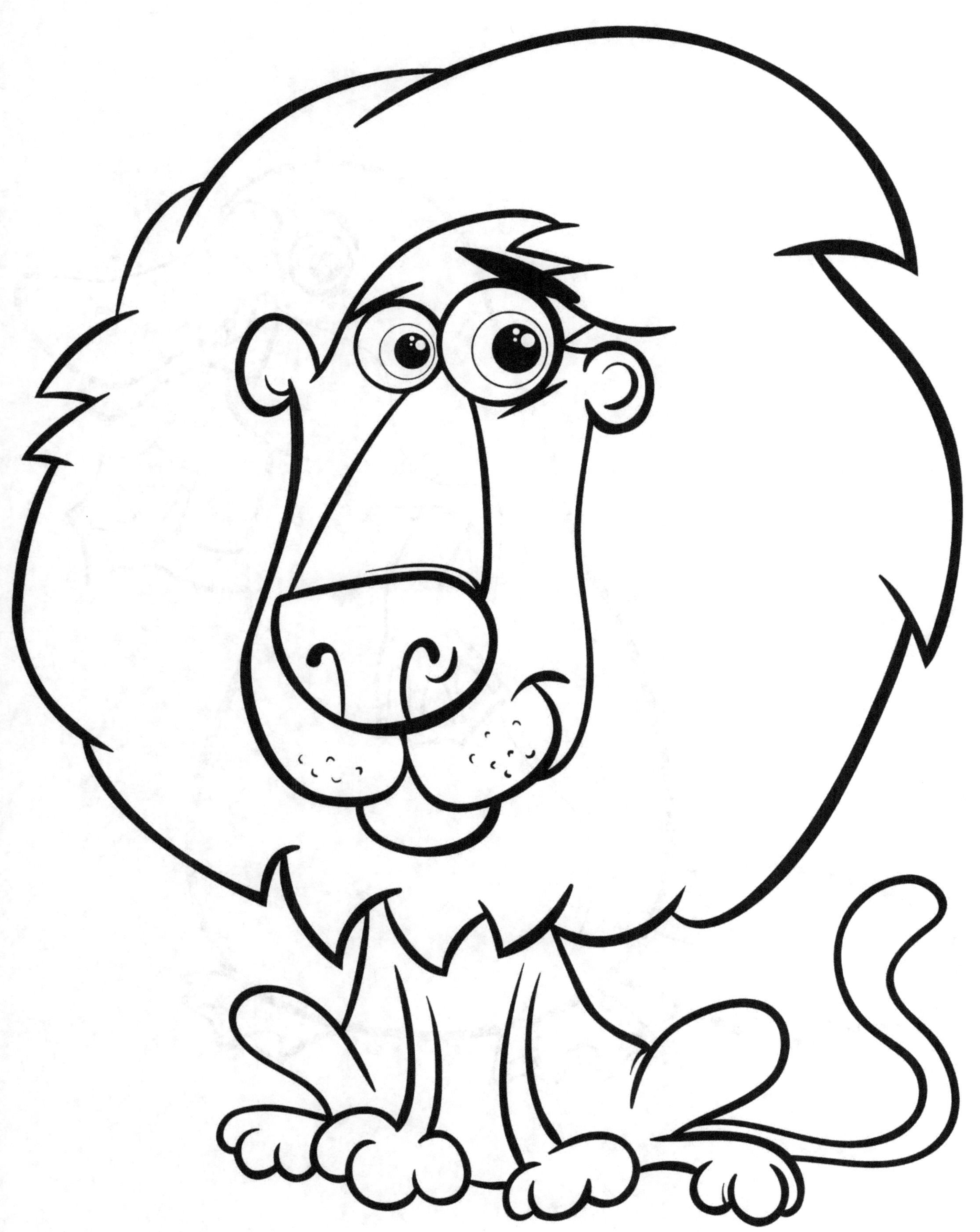

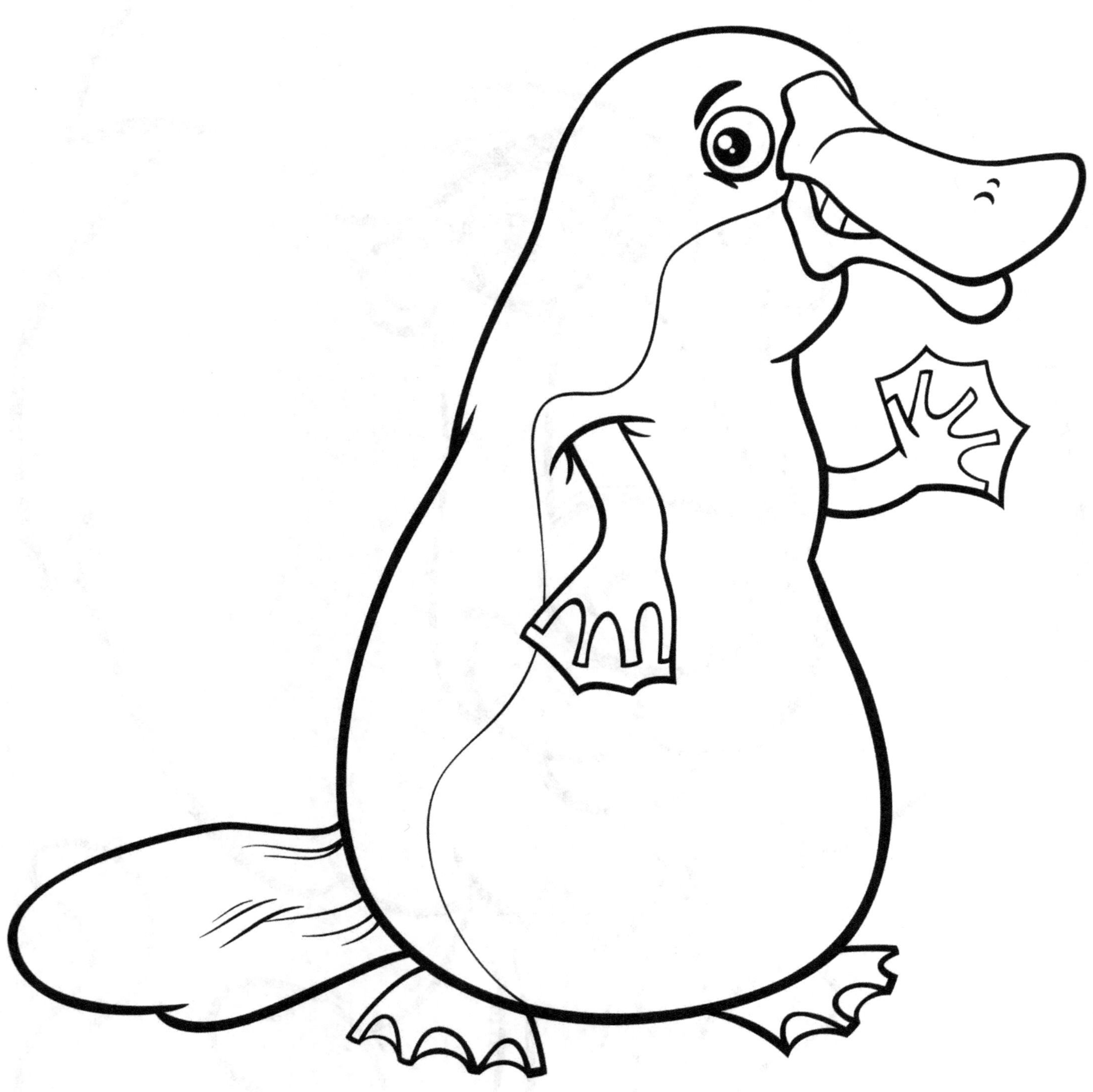

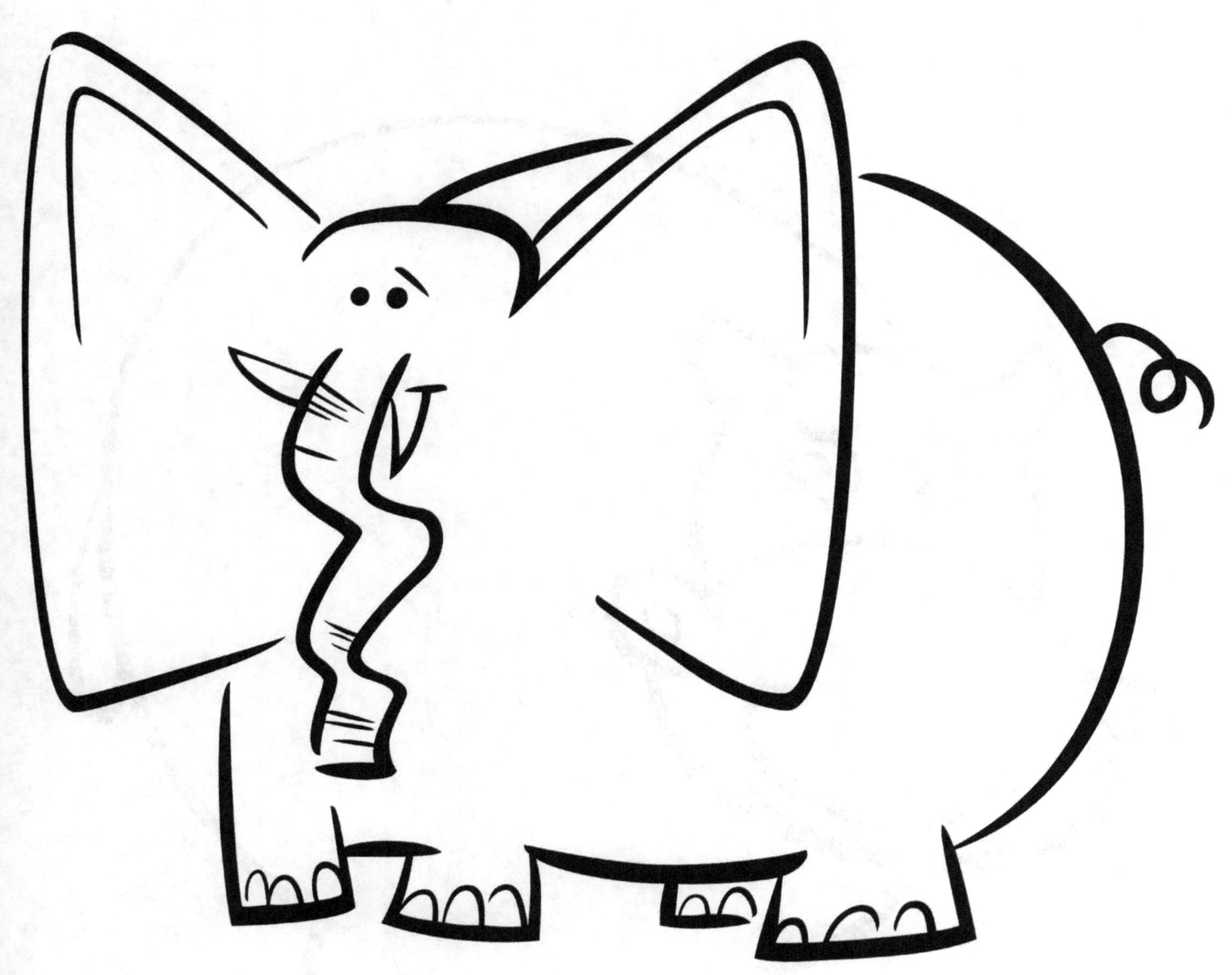

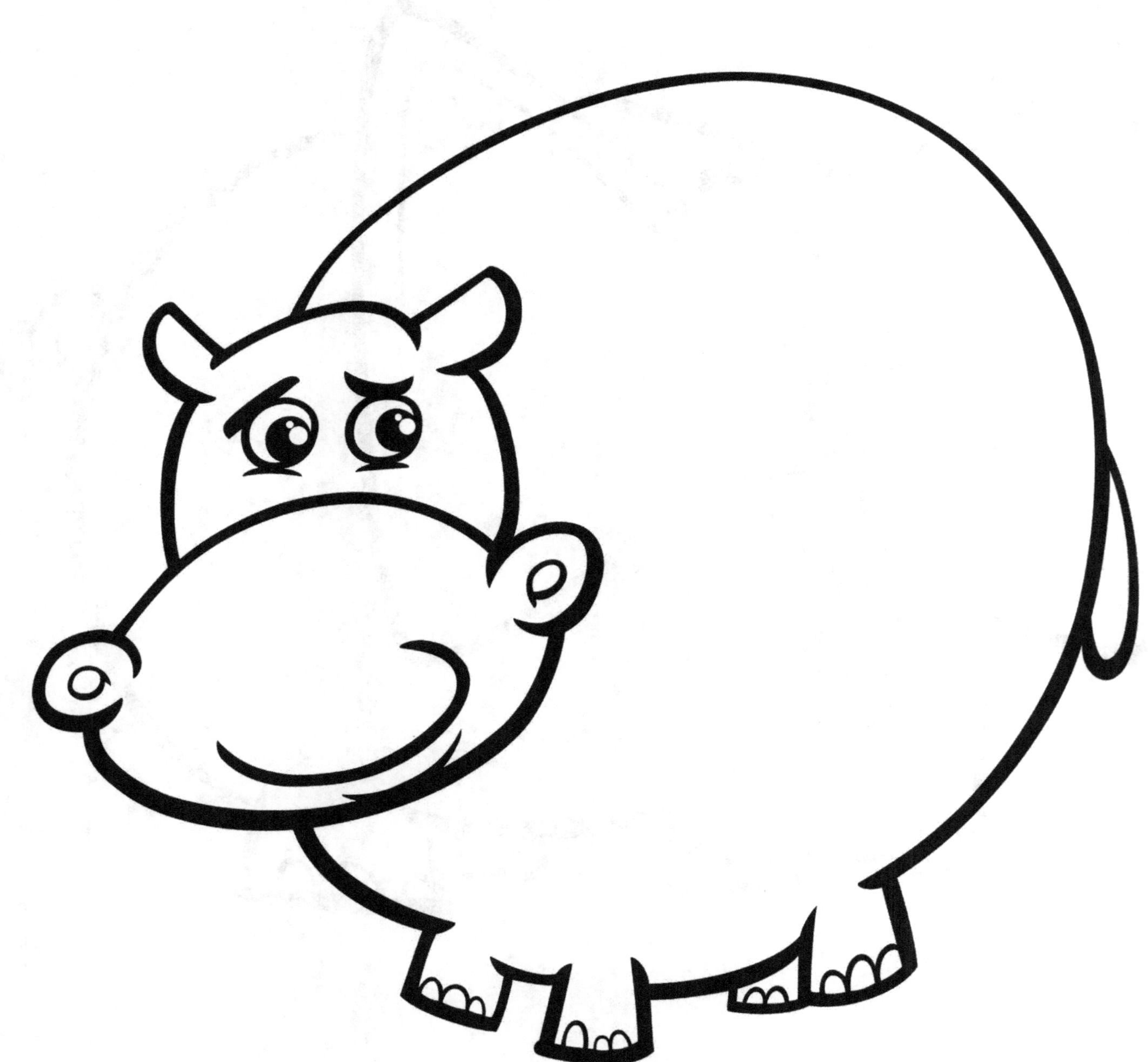

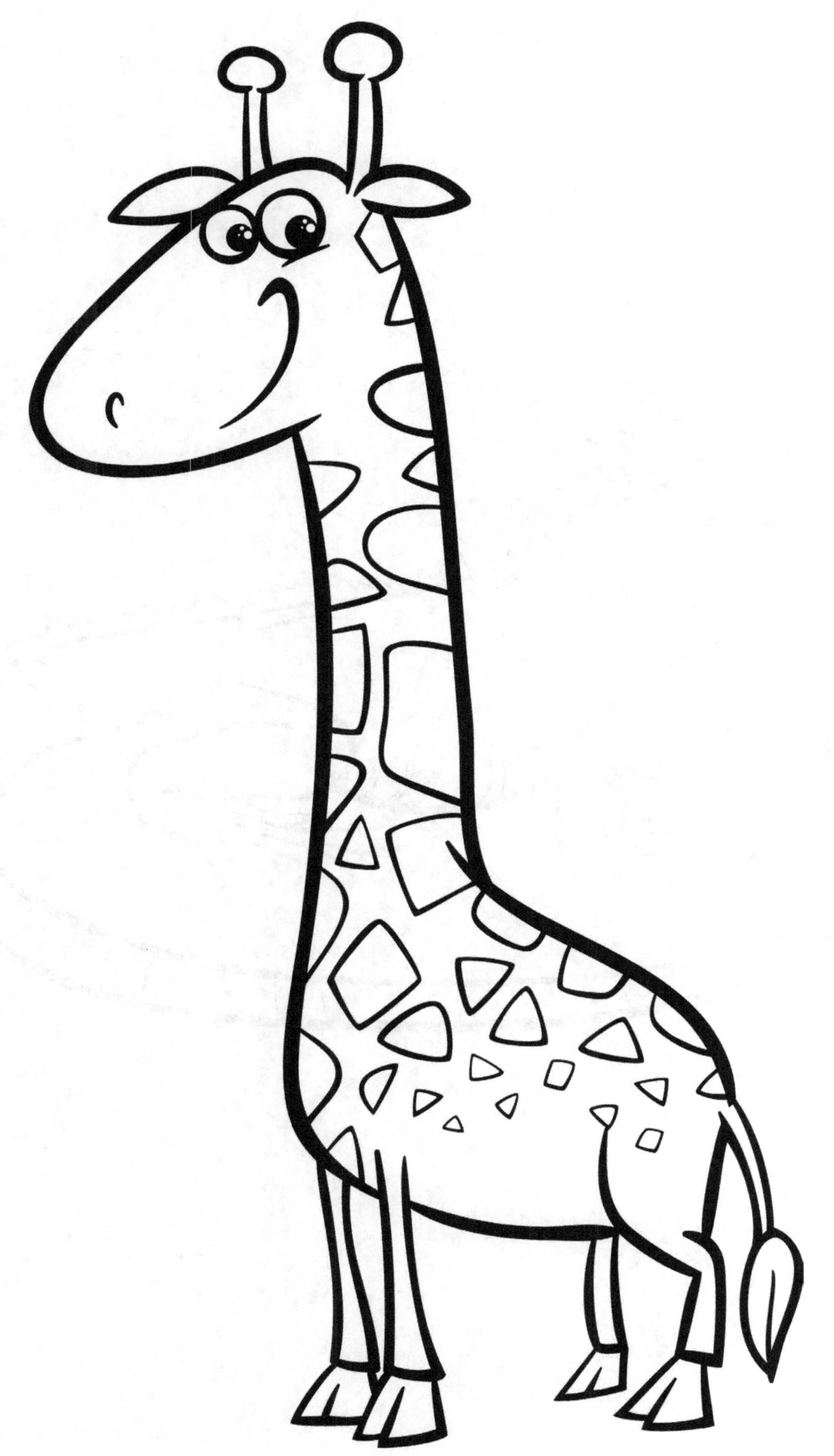

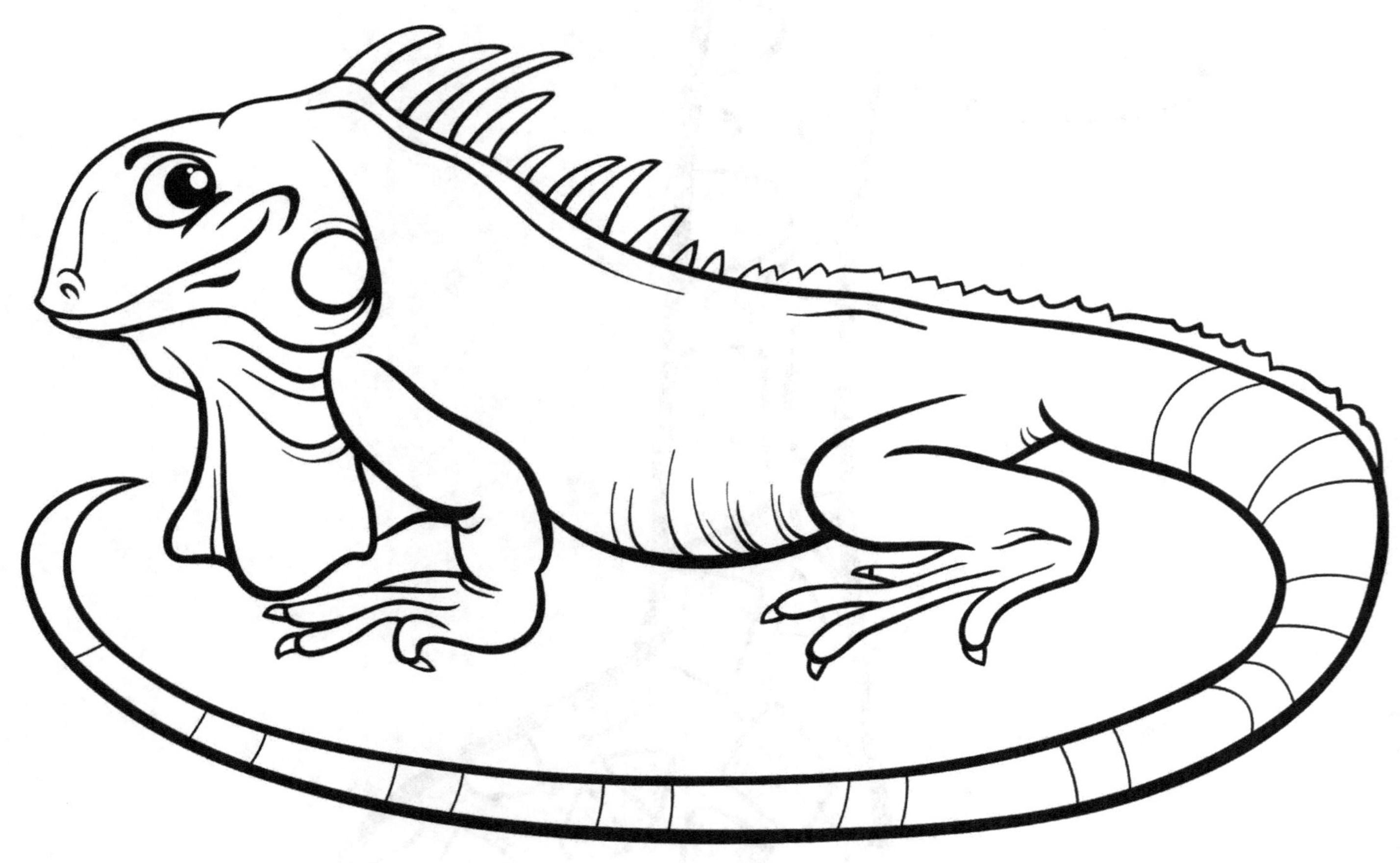

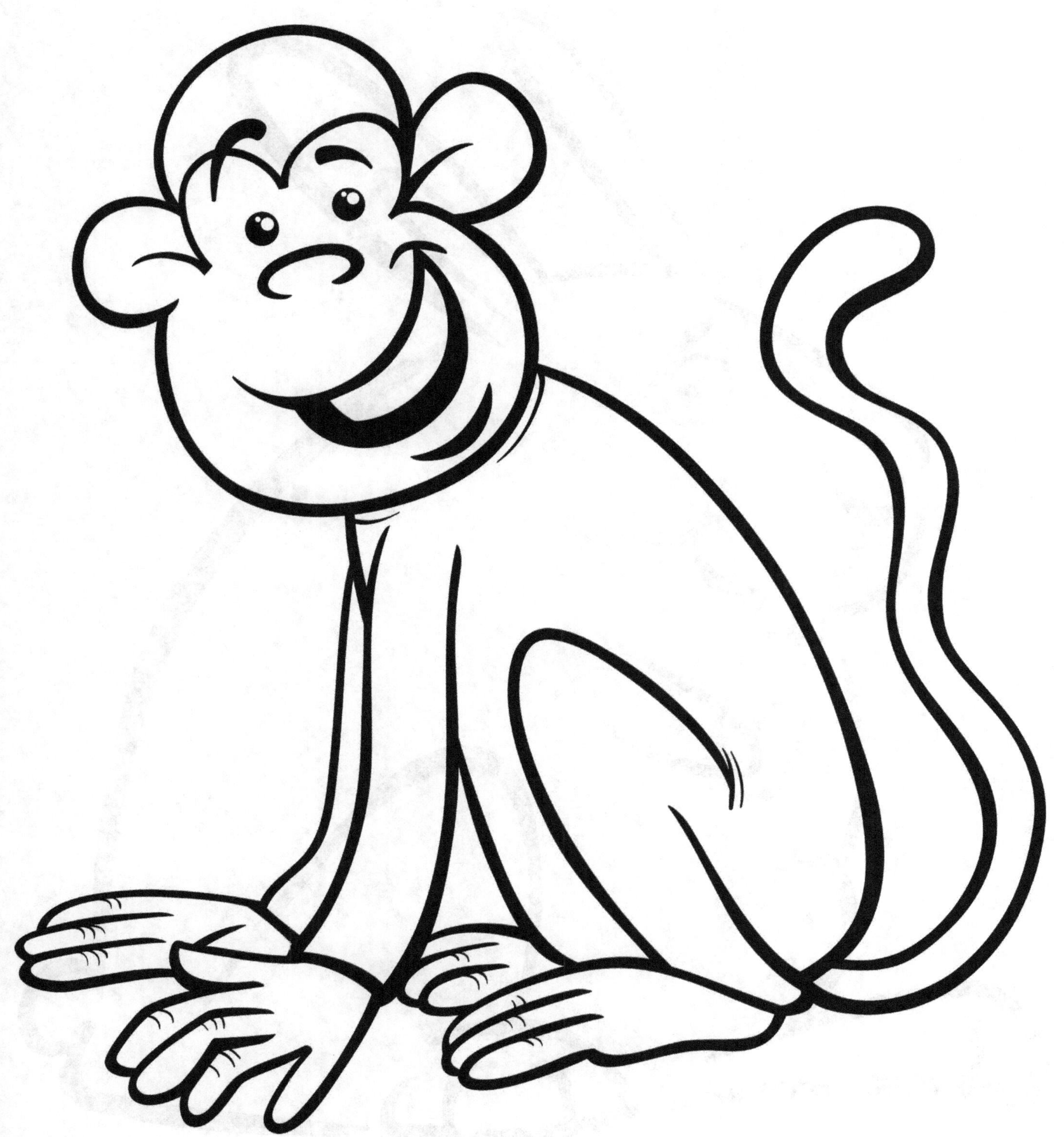

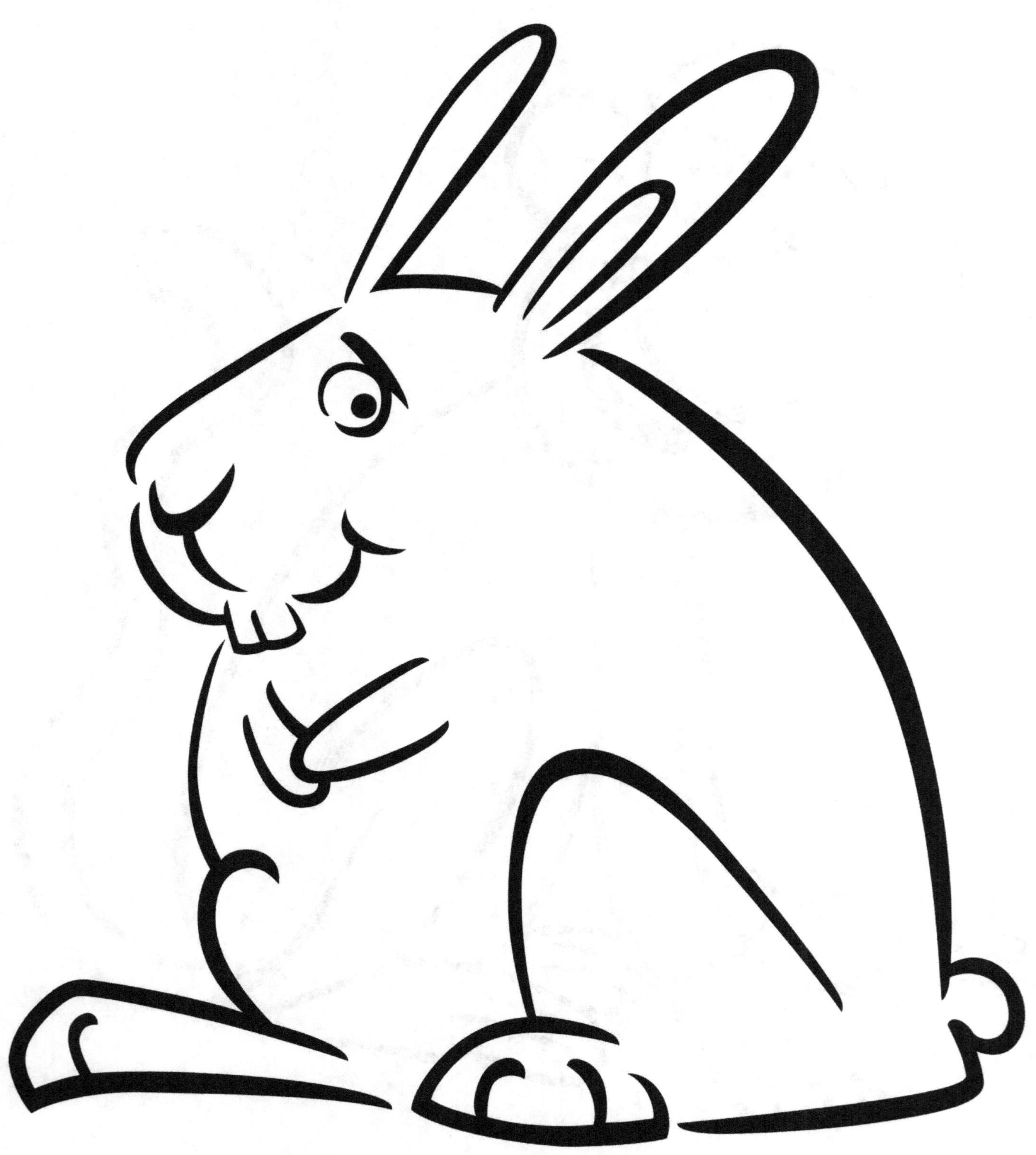

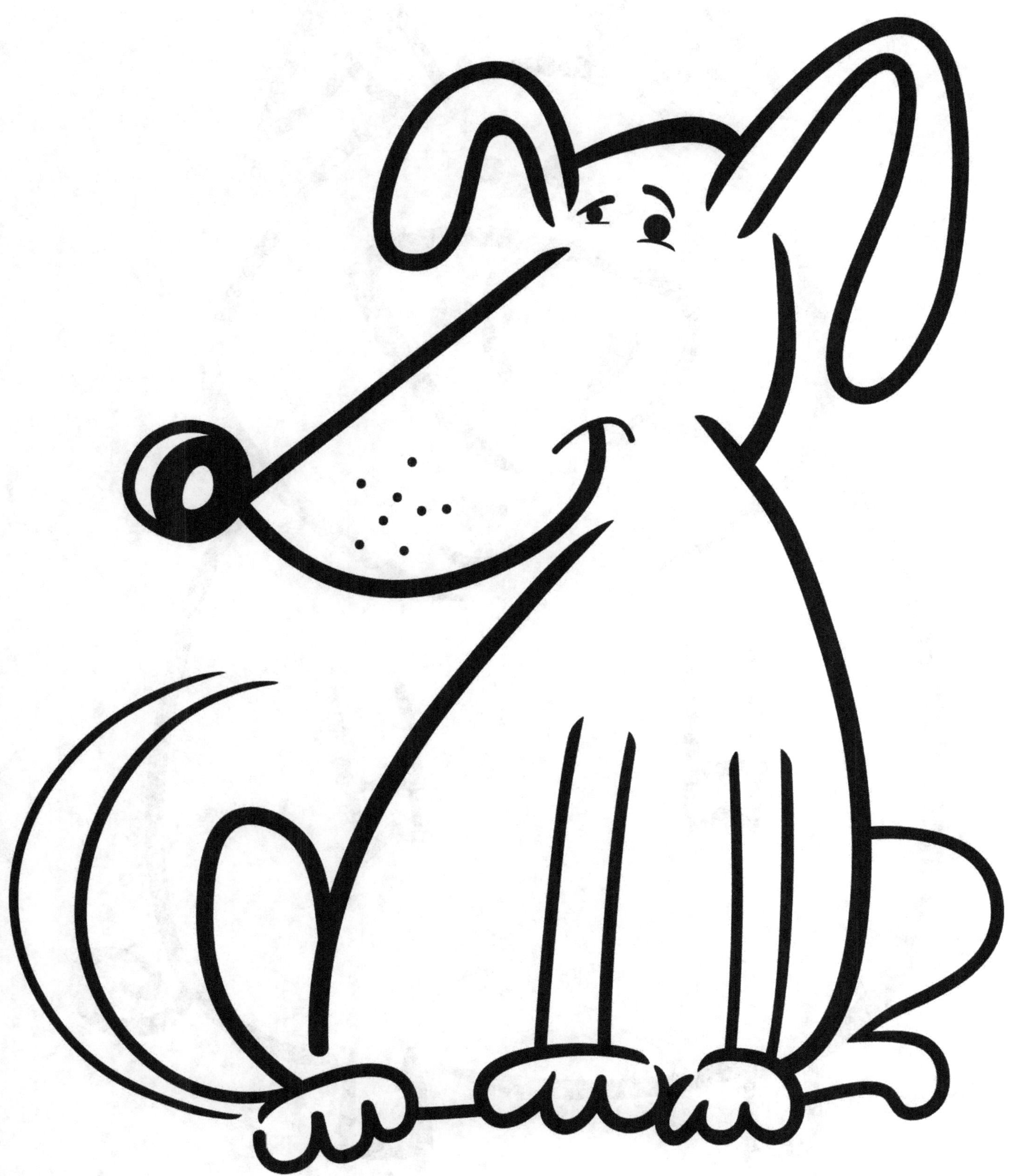

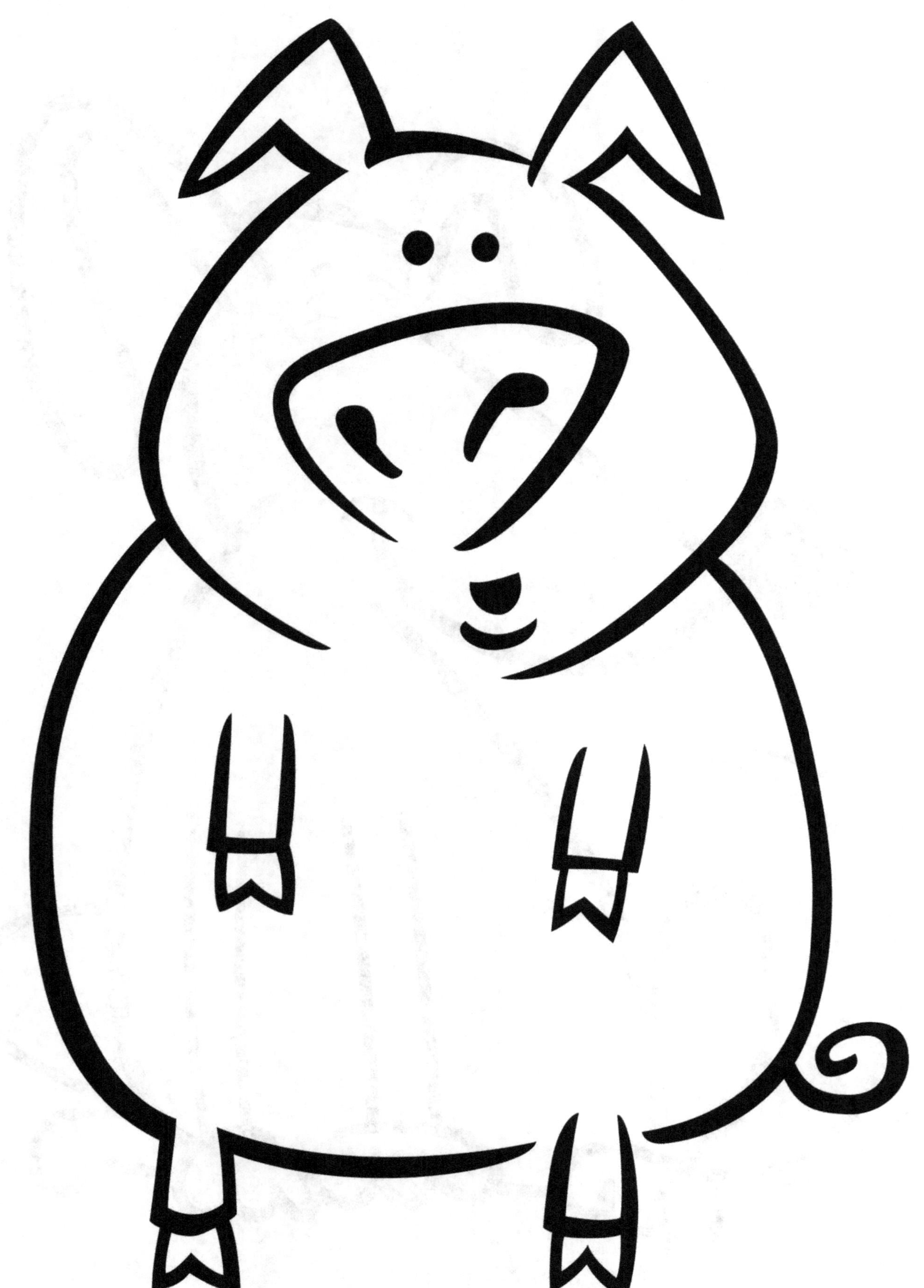

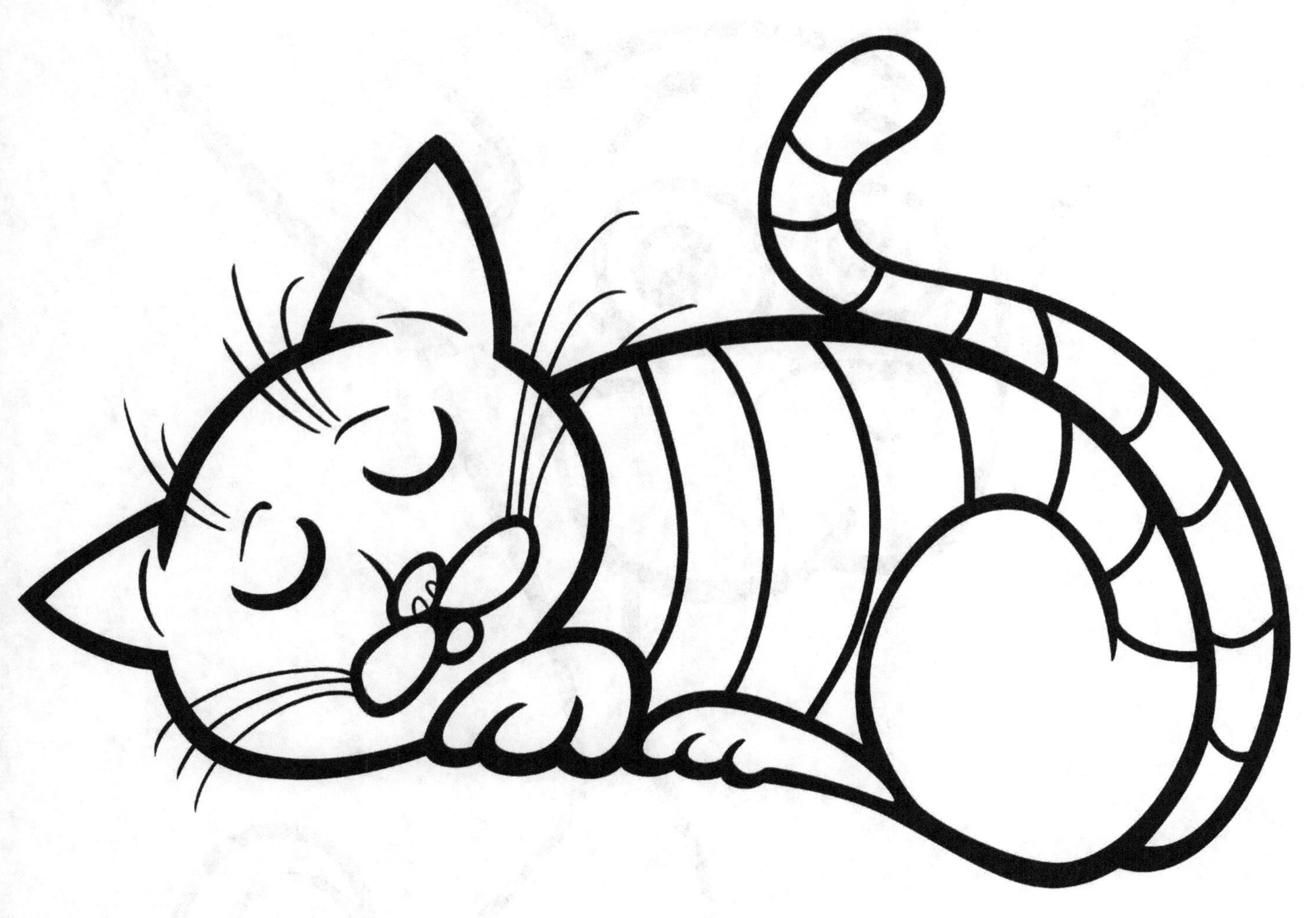

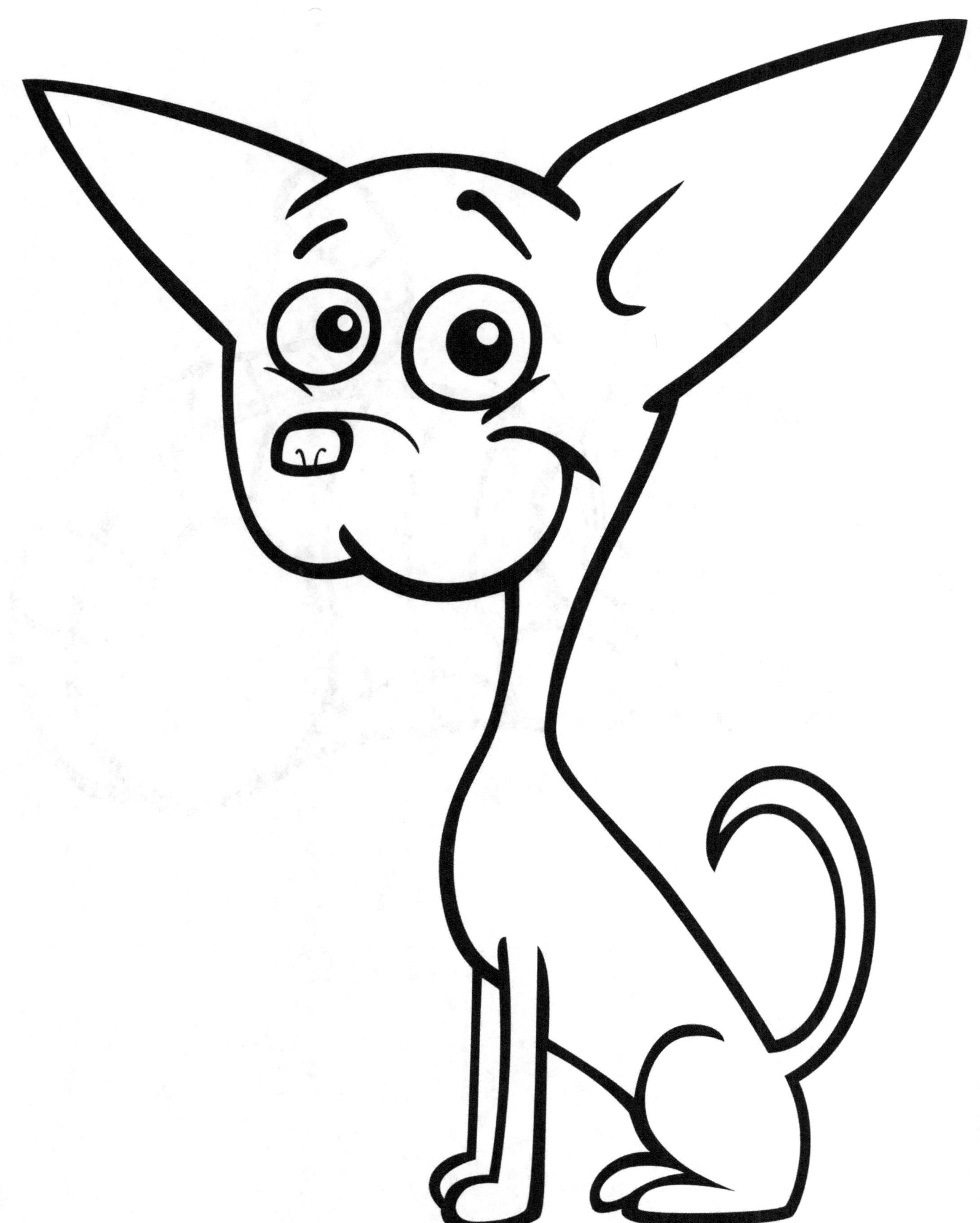

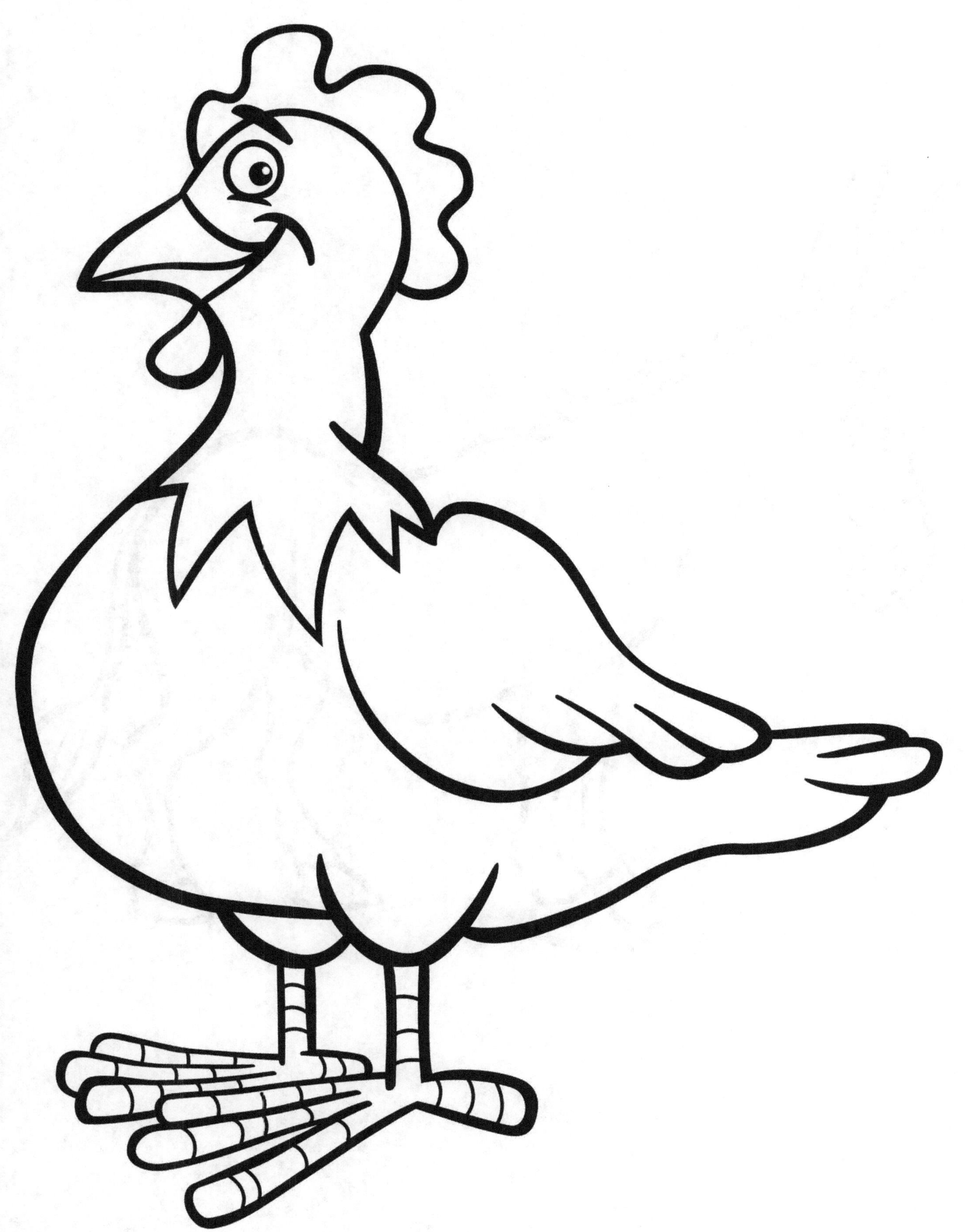

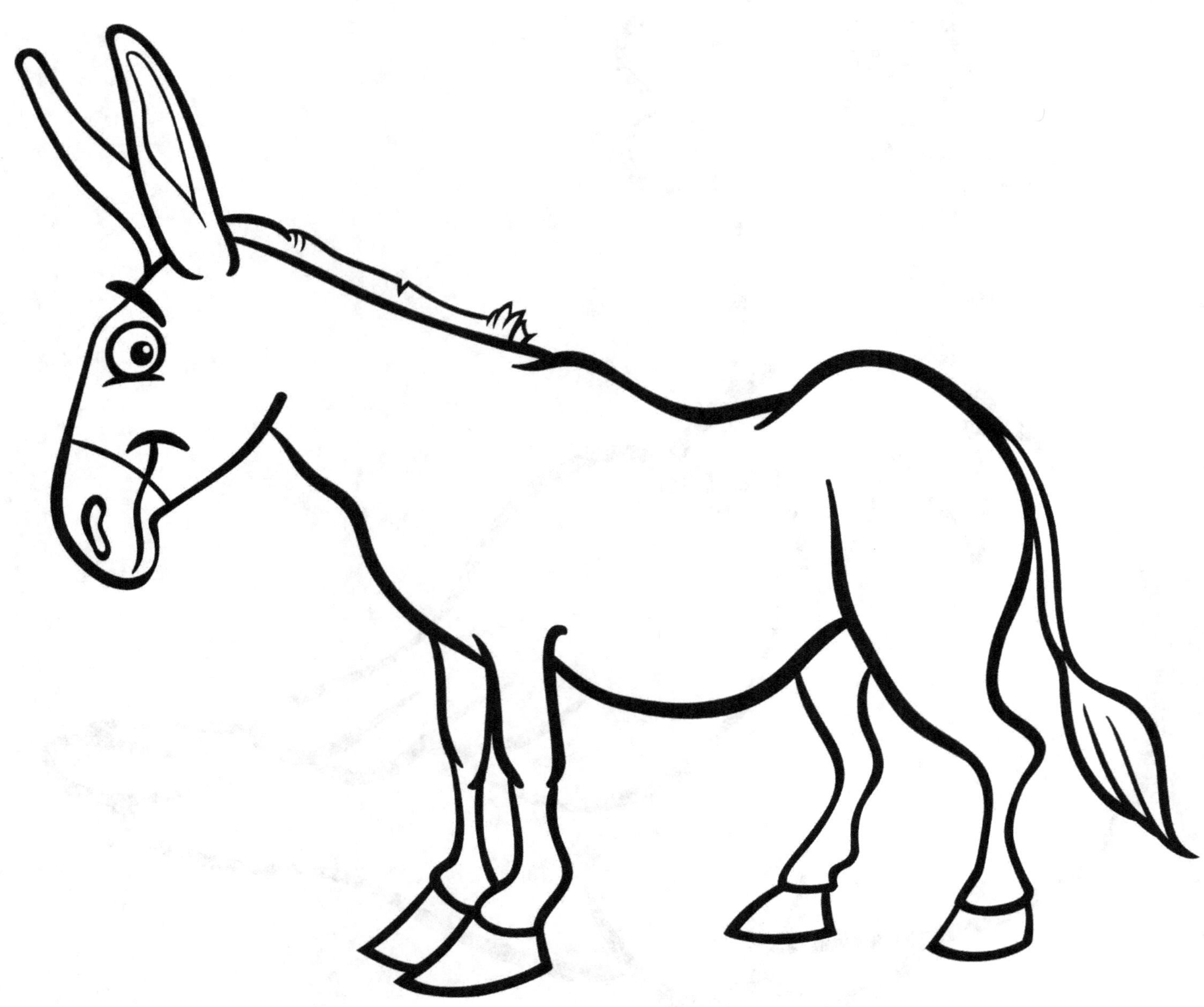

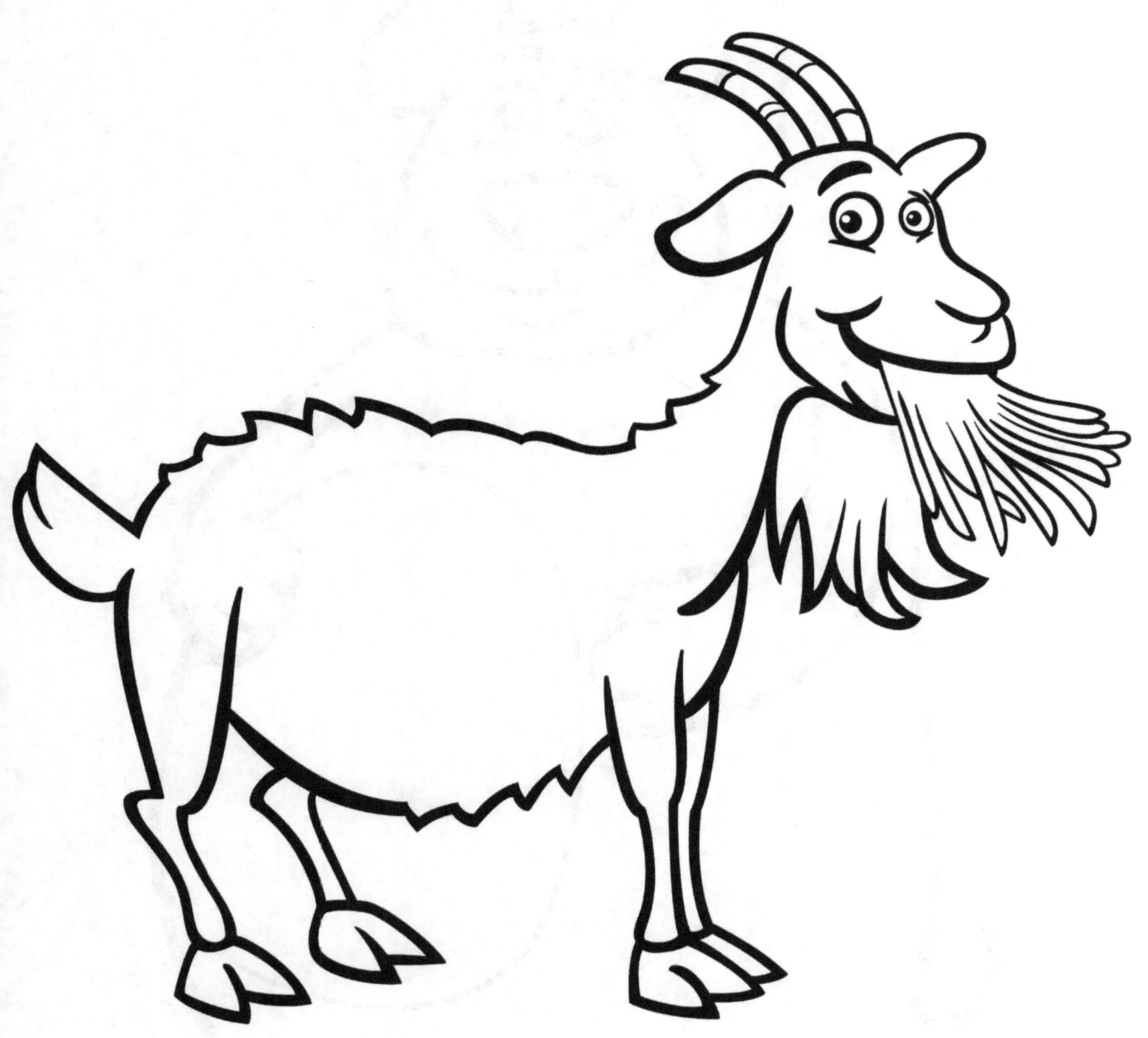

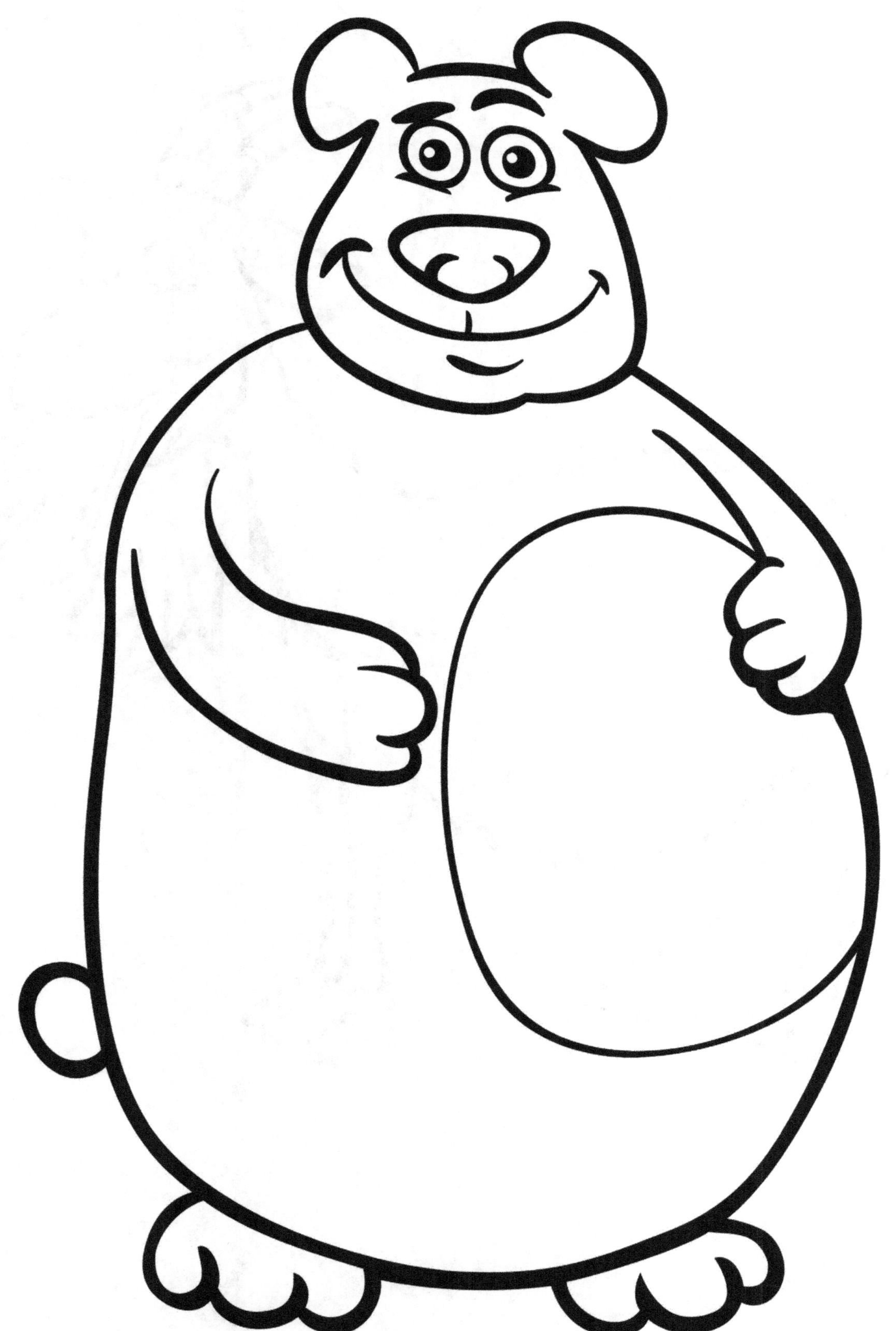

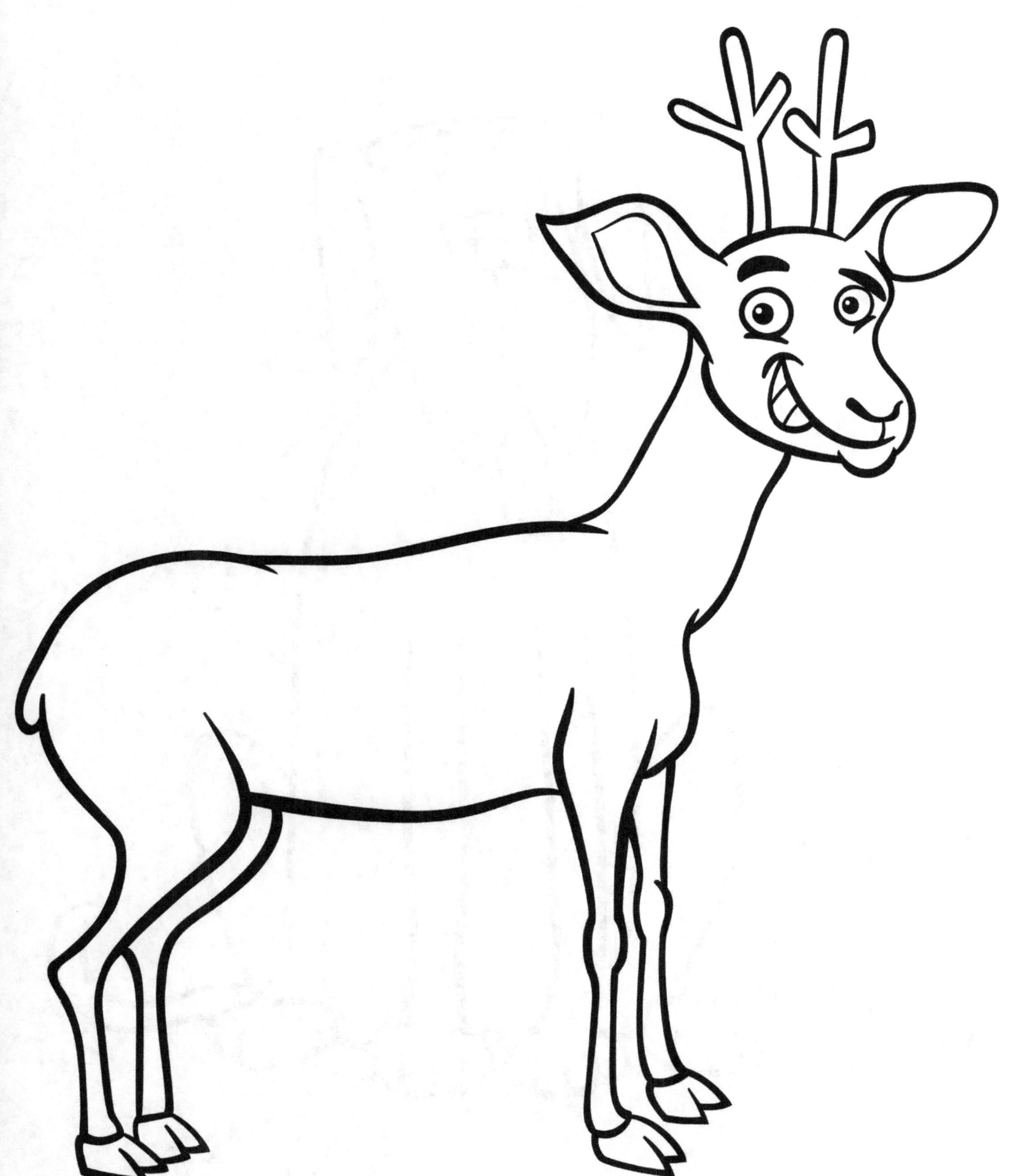

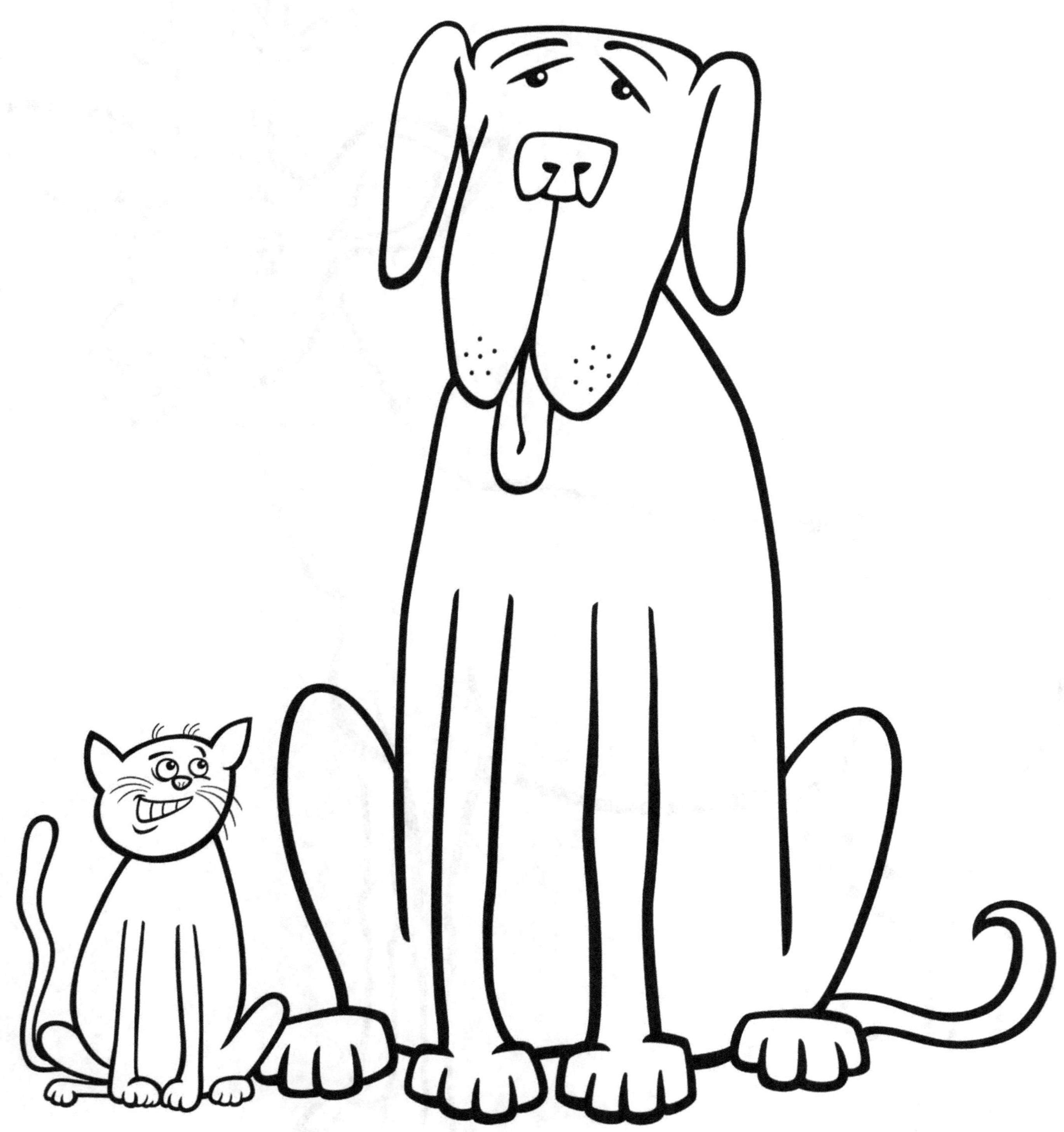

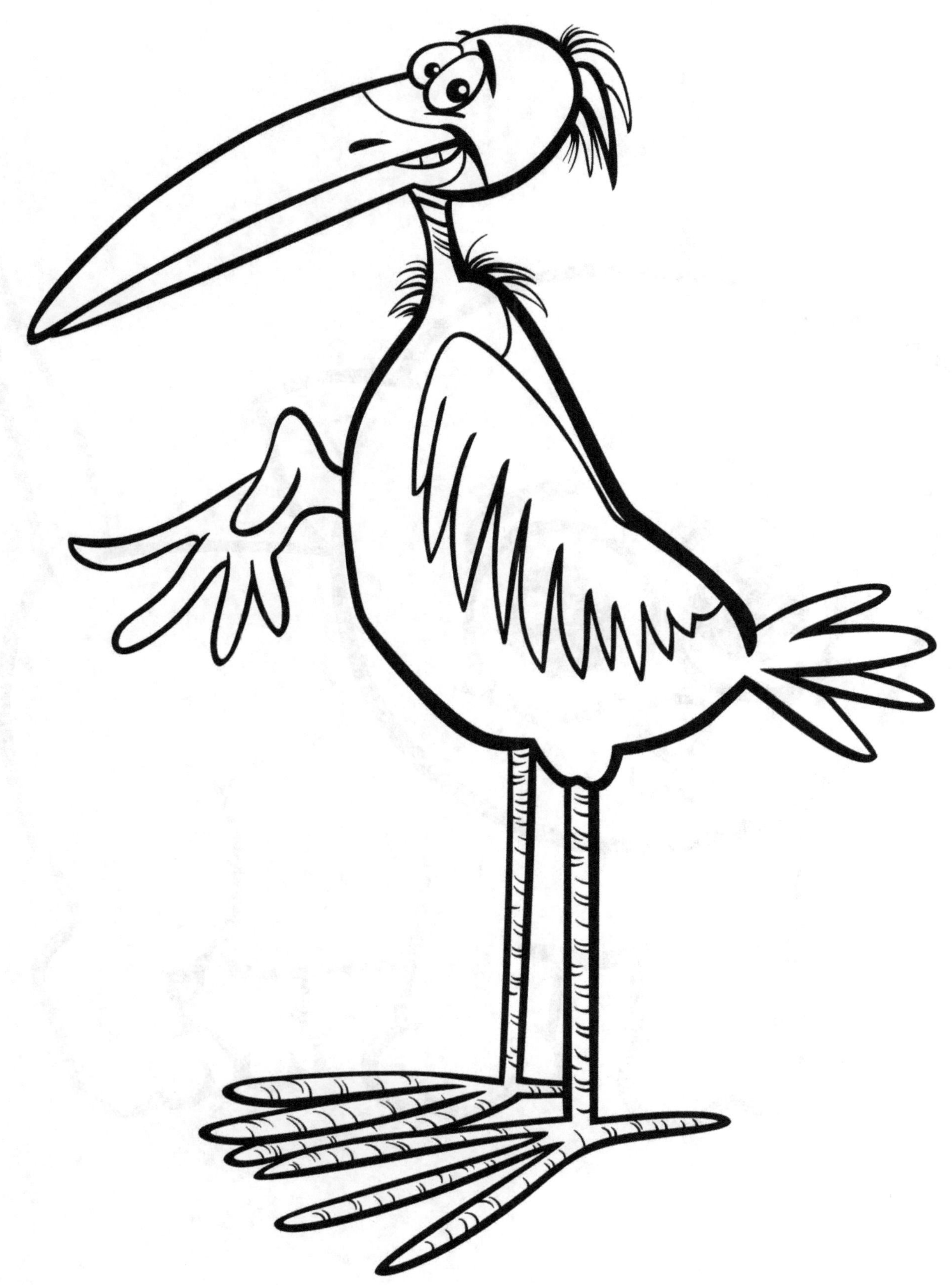

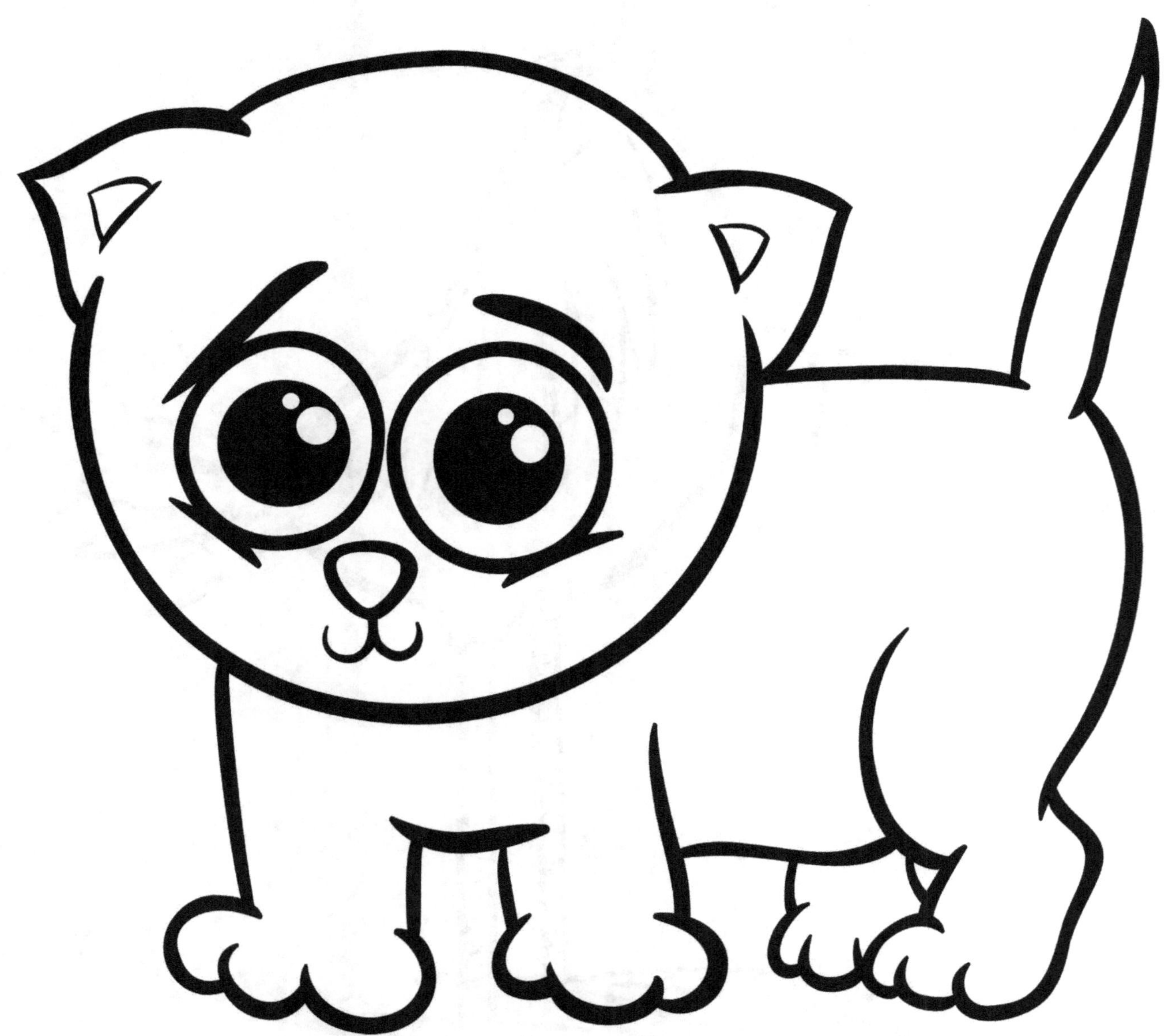

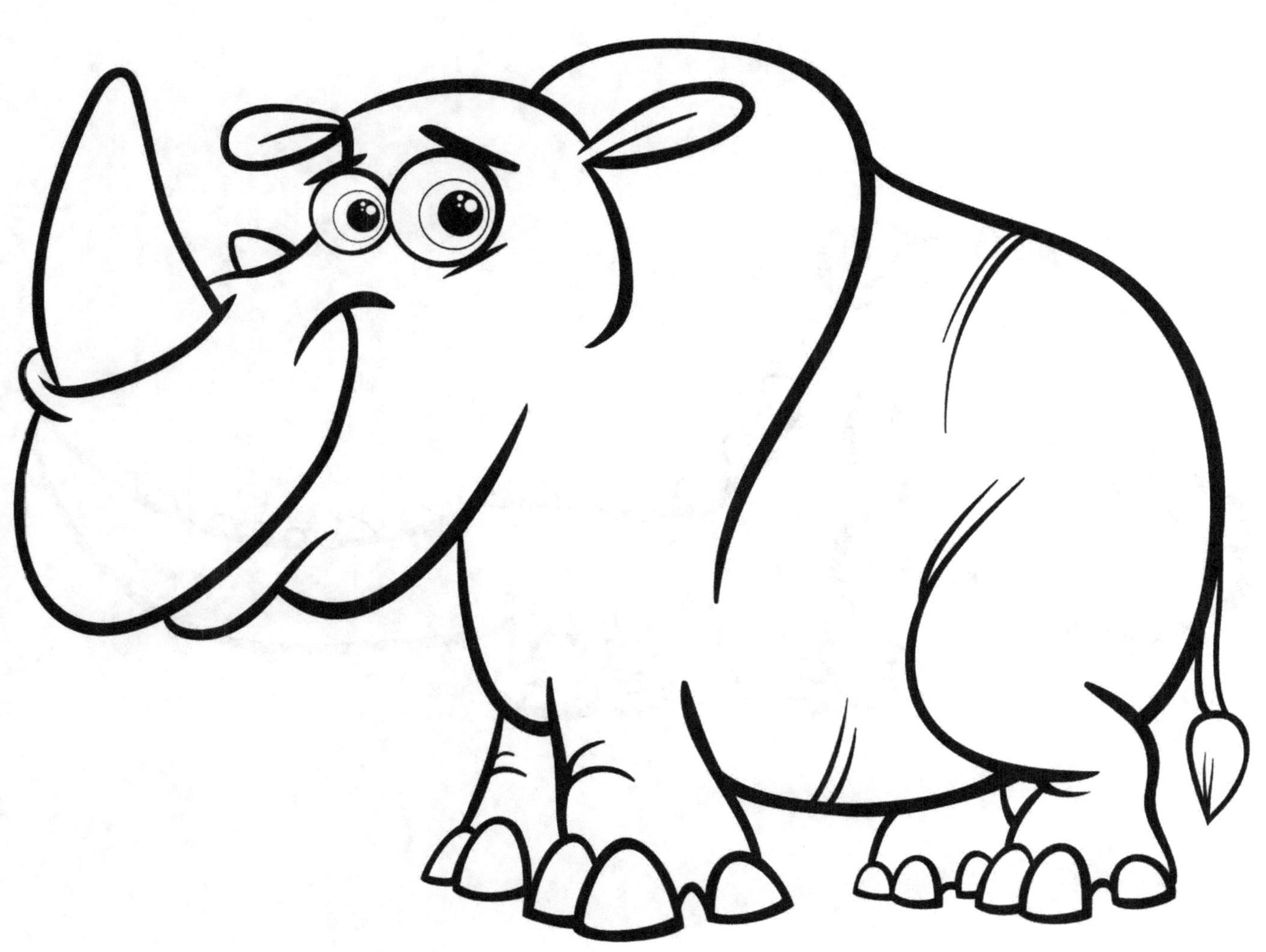

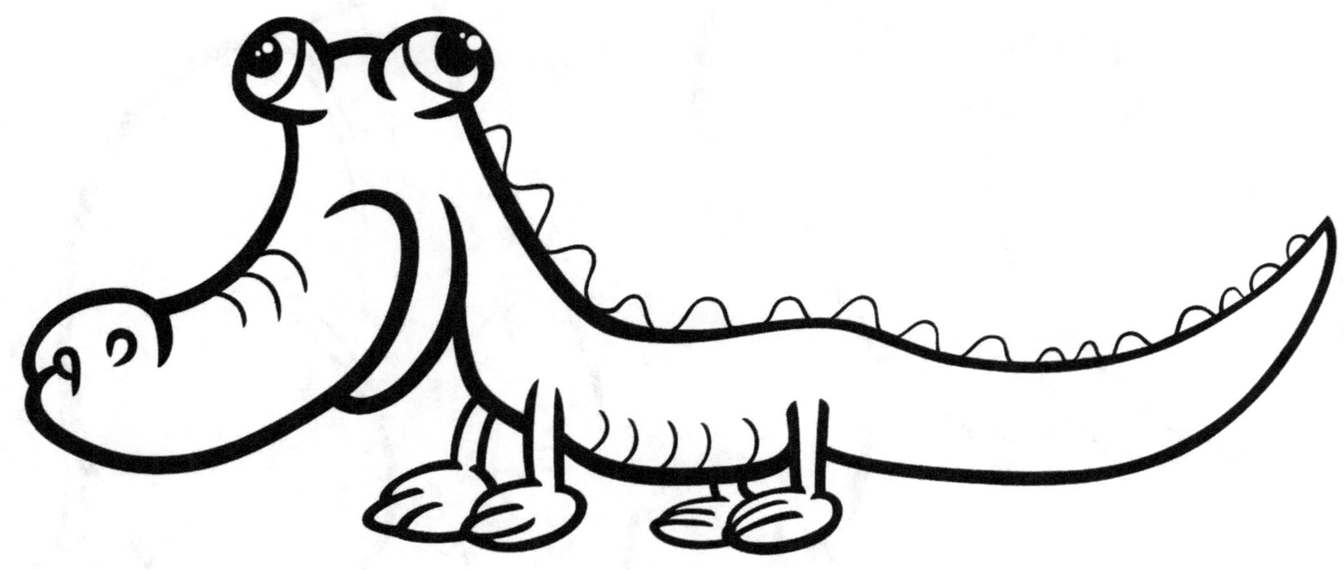

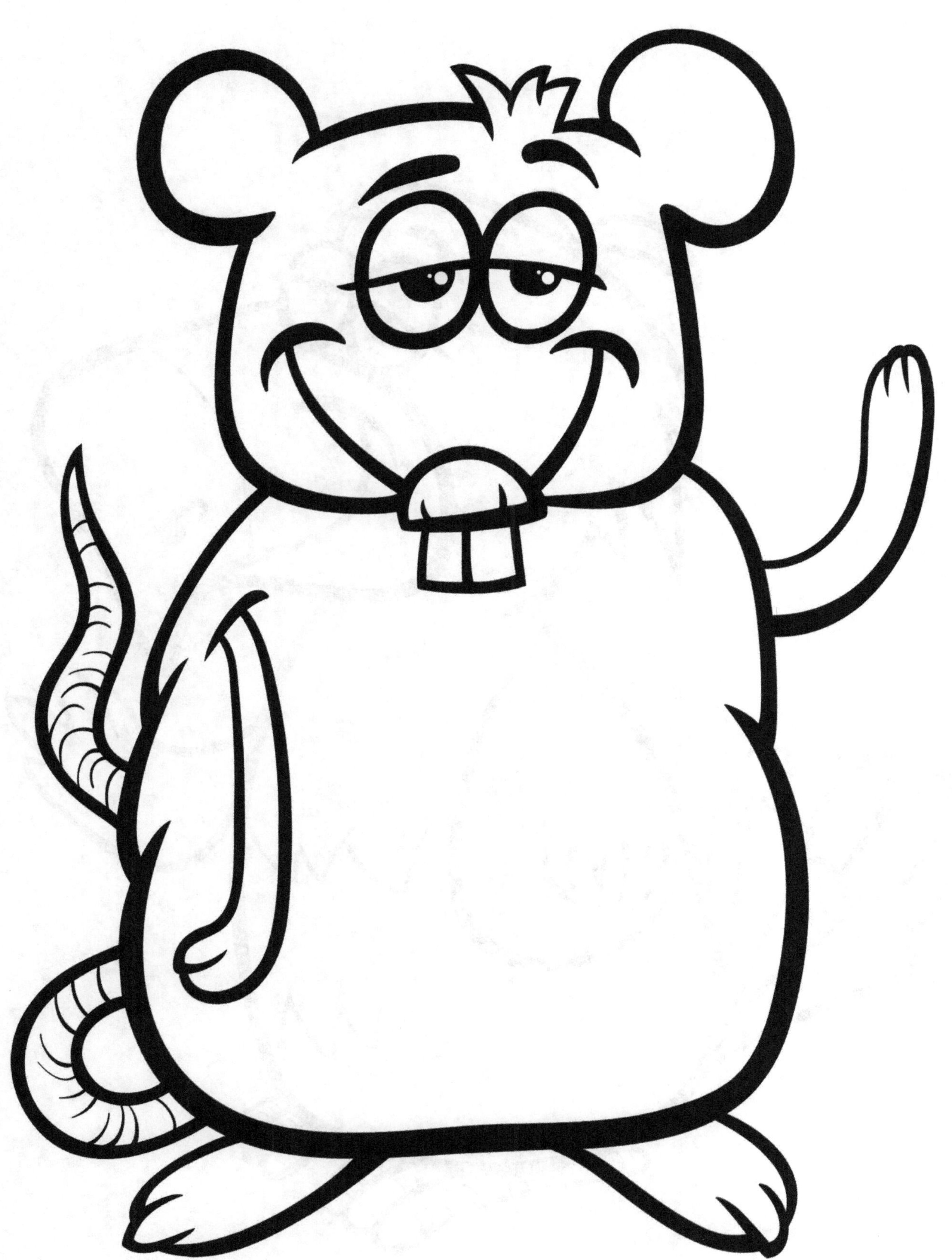

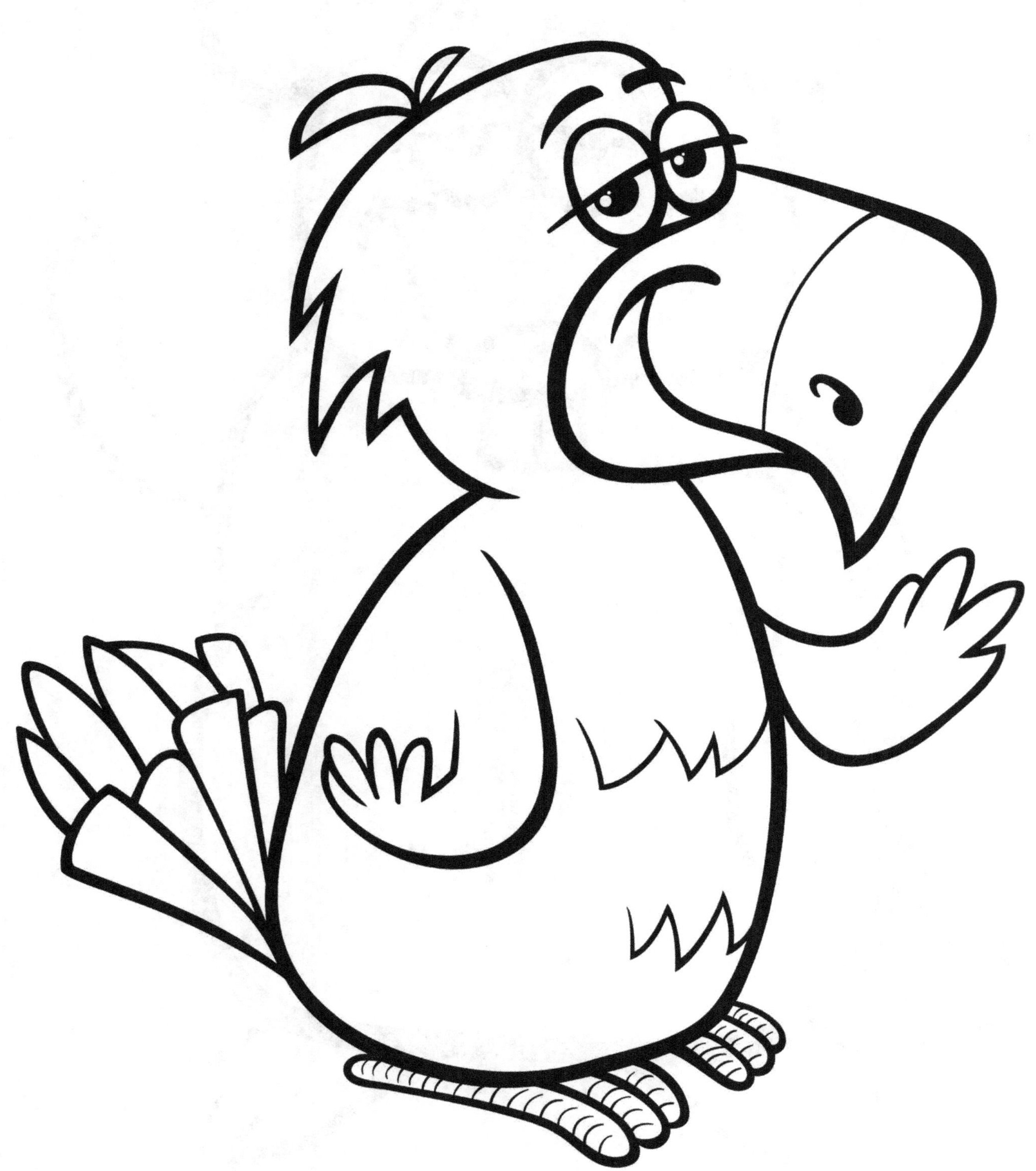

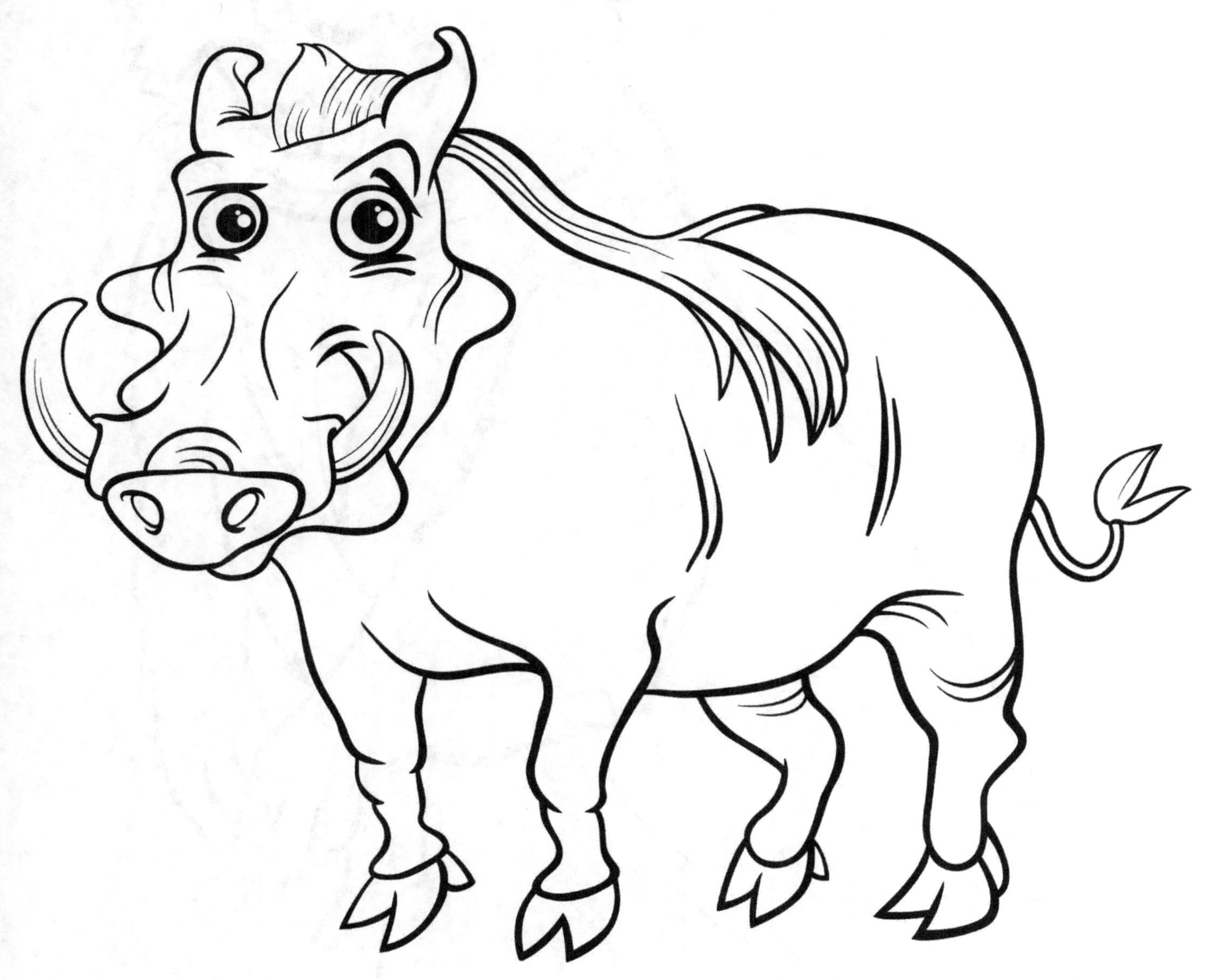

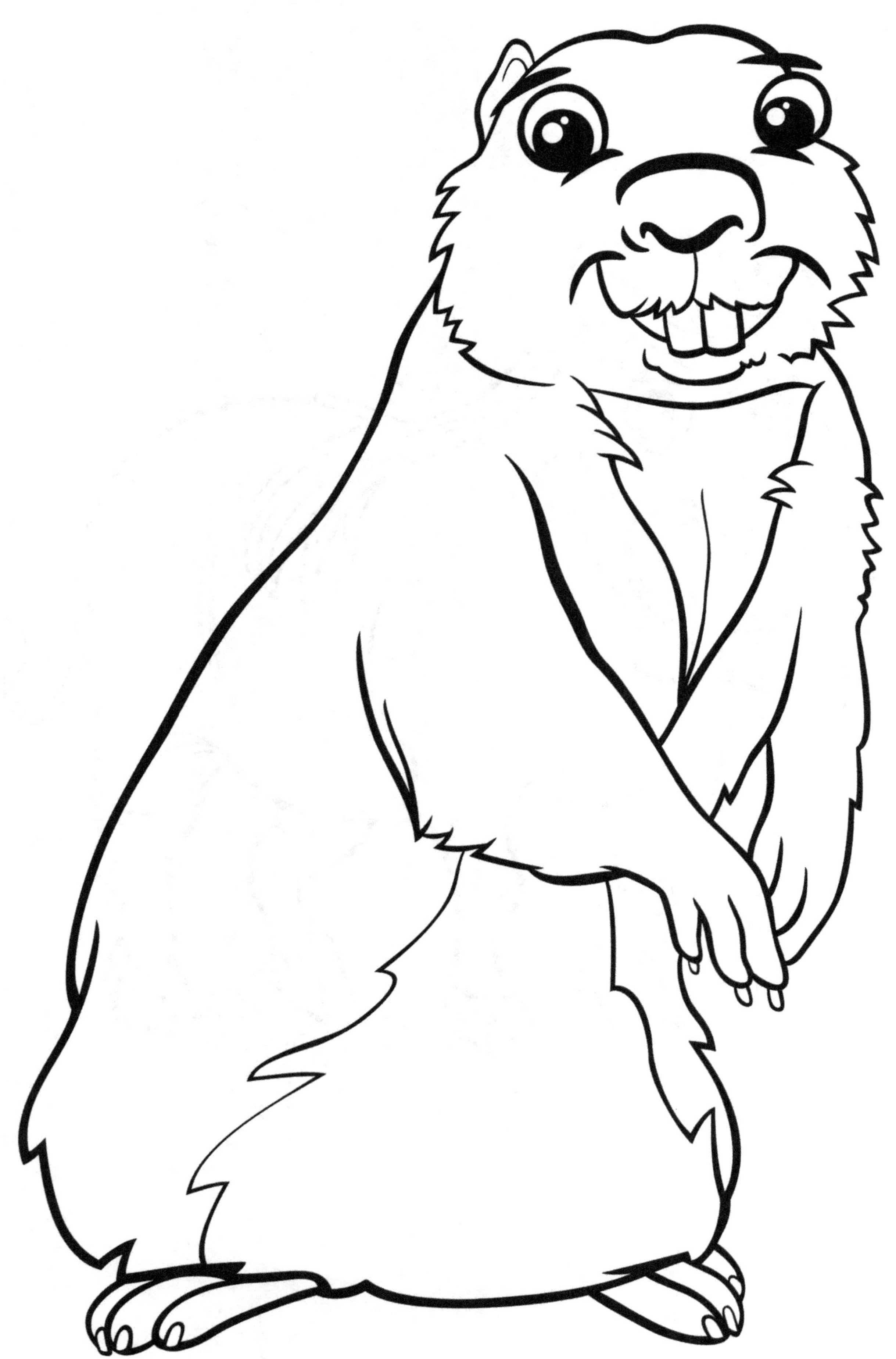

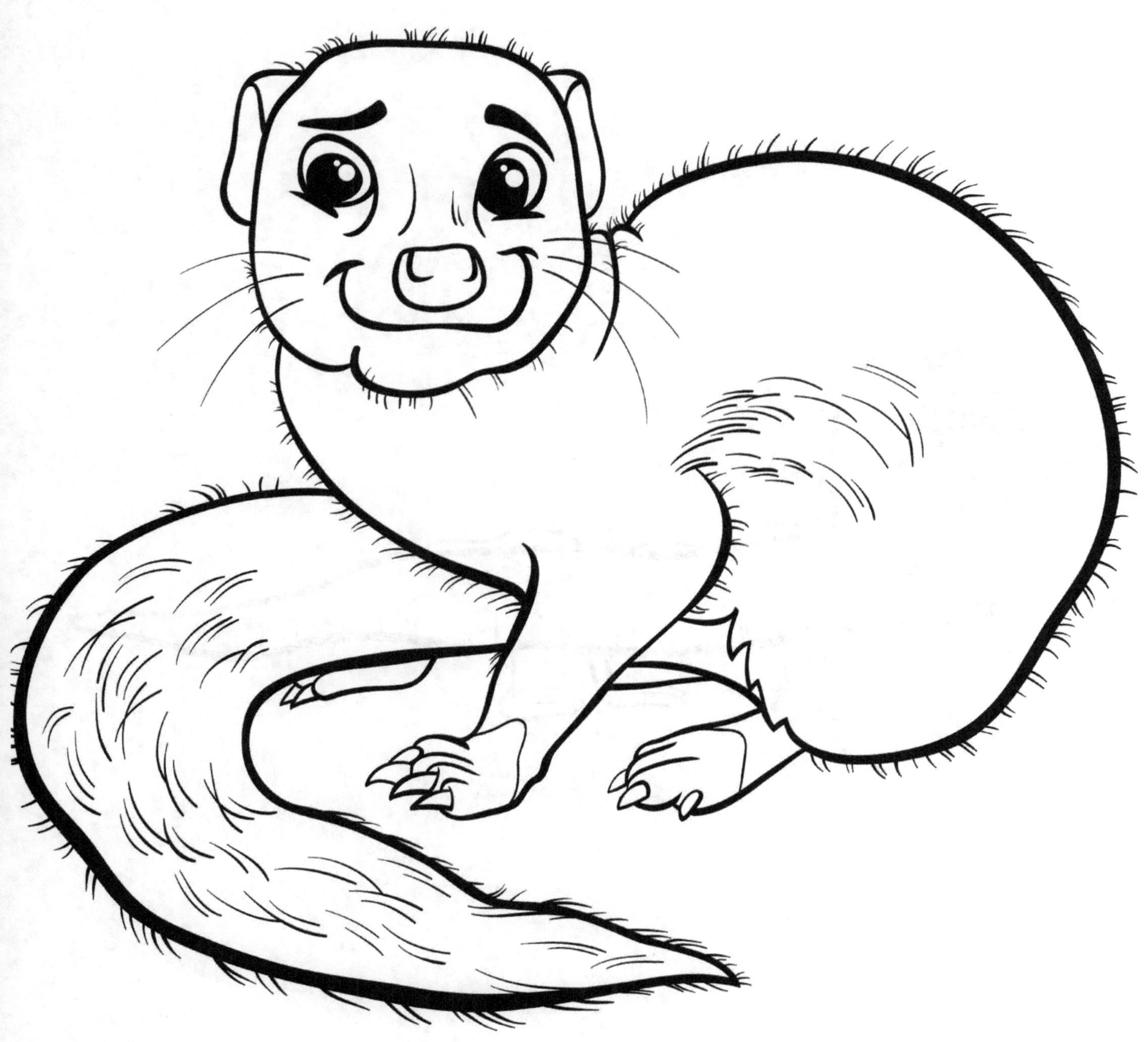

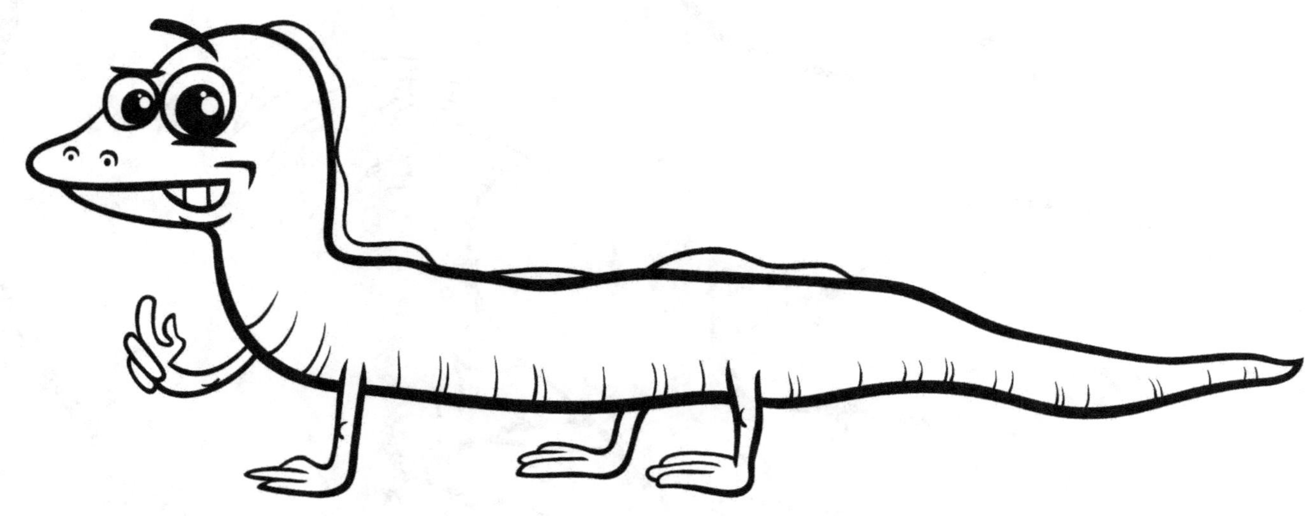

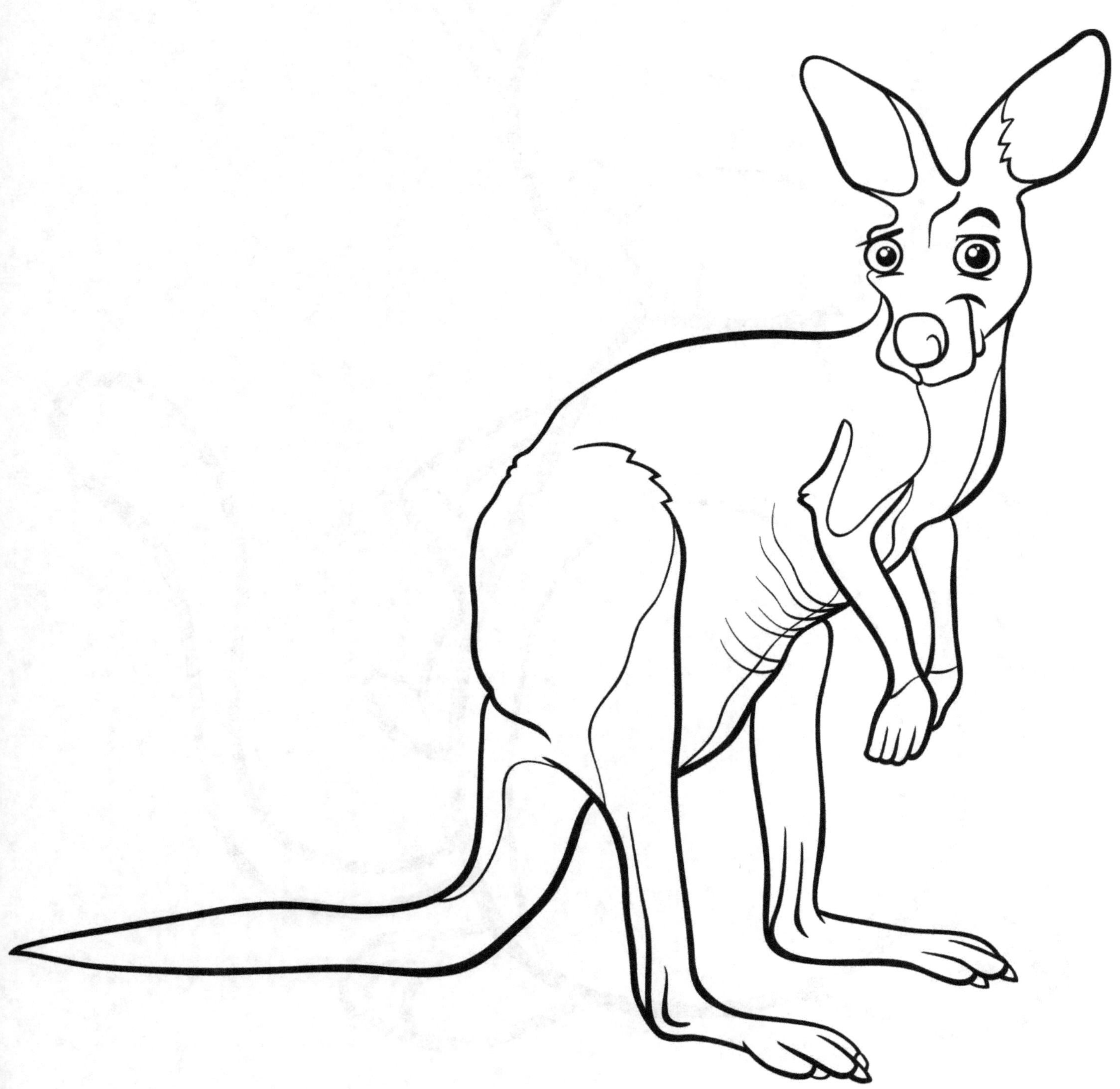

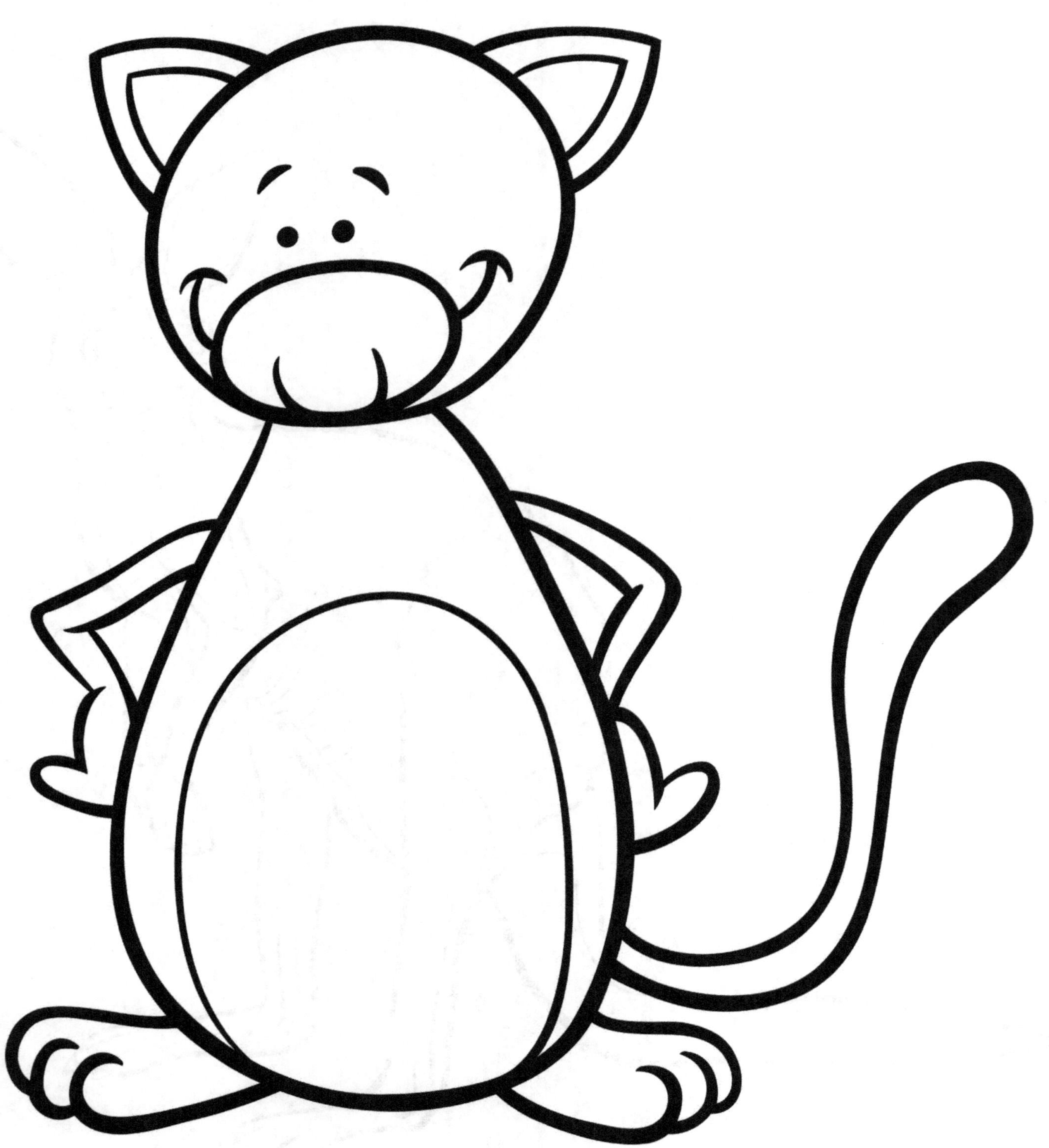

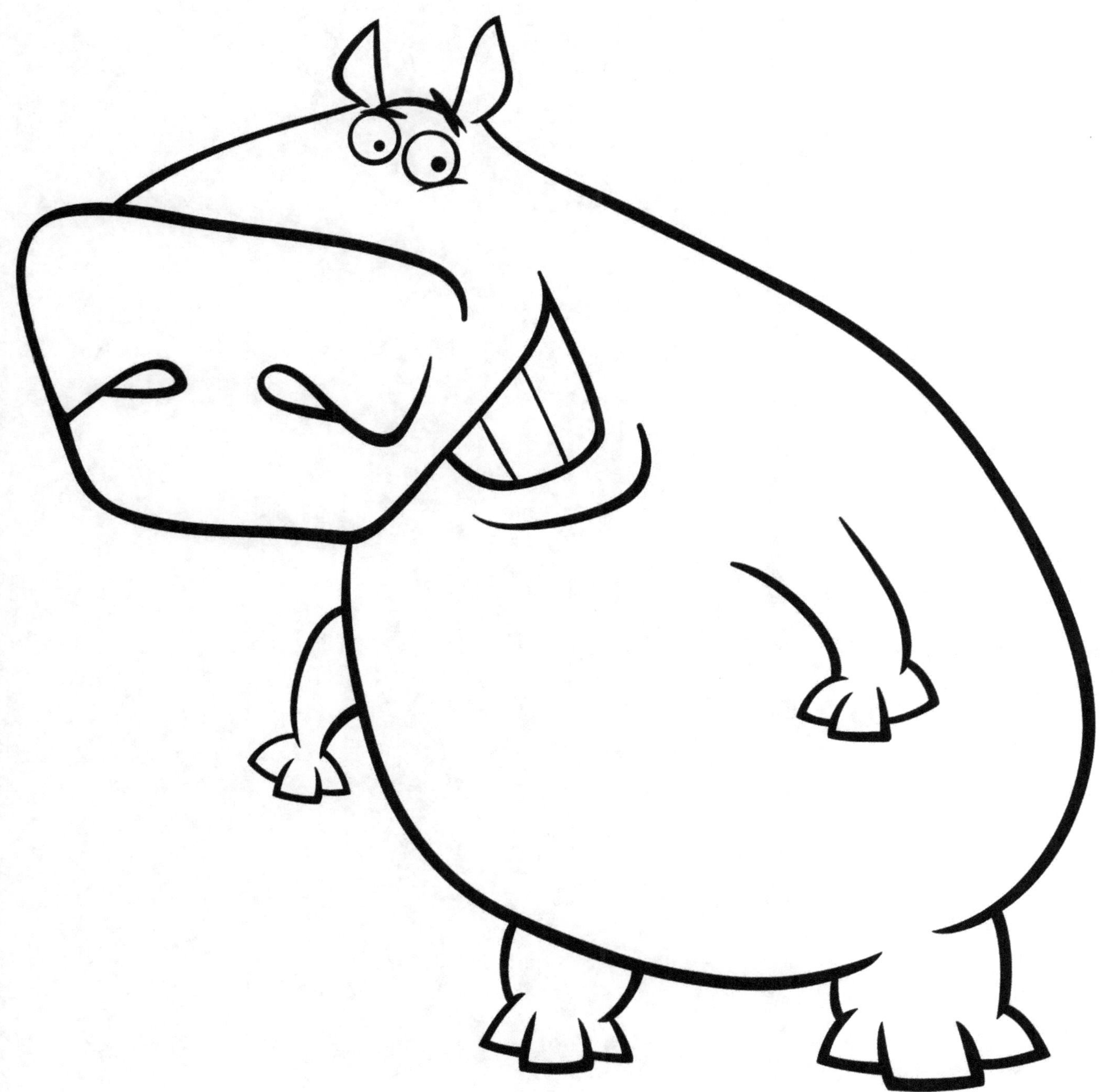